Josef Önder
Dirk Schwarzenbolz
Kornelia Spieth
Marc-Simon Szenk

„Alles SUPER?!“ Kraftstoff für die Seele!

Kurze geistliche Impulse für Lehrkräfte & Interessierte

Josef Önder, Dirk Schwarzenbolz, Kornelia Spieth, Marc-Simon Szenk

«Alles SUPER?!» – Kraftstoff für die Seele!

Bibliografische Information der Deutschen Nationalbibliothek
Die Deutsche Nationalbibliothek verzeichnet diese Publikation in der Deutschen Nationalbibliographie. Detaillierte bibliographische Daten sind unter dnb.d-nb.de (https://portal.dnb.de/opac.htm) verfügbar

Texte: Önder, J., Schwarzenbolz, D., Spieth, K., Szenk, M.-S.
Umschlag, Inhaltsgestaltung, Vignetten: Marc-Simon Szenk
Bindung und Druck: f.u.t. müllerbader GmbH, Filderstadt

ISBN 978-3-8236-1805-8

Kanalstr. 21 | 97990 Weikersheim | www.margraf-publishers.eu

Margraf Publishers GmbH

Inhalt

Vorwort

„Was, Lehrer?" Ein dickes Grinsen. „Ach klar – die Ferien! Du hast es eben schön!"
„Sollen wir tauschen?"
Eifriges Kopfschütteln: „Was, ich als Lehrer? Nein – das lassen wir lieber, ich könnte das nicht!"
„Aber denk mal an die Ferien!"
Das Kopfschütteln intensiviert sich: „Bei den Kindern und Jugendlichen heutzutage? Nein, wirklich nicht! Mach Du das lieber mal."
Schwaches Grinsen: „Und genieß deine Ferien!"

Ja, wir Lehrer*innen haben einen besonderen Beruf! Einen besonders schönen, aber auch einen besonders herausfordernden! Das zeigt dieser kurze Dialog, in welchem nicht nur die speziellen Herausforderungen, sondern auch die mangelnde gesellschaftliche Anerkennung für unser Tun deutlich wird!
Beides – und noch vieles mehr – haben wir in unseren insgesamt 45 Dienstjahren als Lehrkraft ausgiebig erfahren.
Wir unterrichten alle vier begeistert Religionslehre (evangelisch, römisch-katholisch und syrisch-orthodox) und waren schon an der Durchführung zahlreicher Schülergottesdienste, Andachten, gemeinsamen Gebeten und Ähnlichem beteiligt.
Immer wieder bereitet man Aktionen mit und für Schüler*innen vor. Während einer Besprechung fiel uns plötzlich etwas auf: Wir stecken oftmals sehr viel Zeit und Arbeit in die Projekte, während wir selbst und die Kolleg*innen zu kurz kommen.

Wir alle sind doch jeden Tag neu um unsere Schüler*innen bemüht, während wir selbst kaum einmal Gelegenheit zum Innehalten haben.
So kamen wir auf den Gedanken, so genannte „KGIs" ins Leben zu rufen – „Kleine geistliche Impulse, speziell für Lehrer*innen". Die Idee fand bei Schulleitung und Kollegium gleich großen Anklang und so kam es, dass sich Interessierte in regelmäßigen Abständen trafen, zum gemeinsamen kurzen spirituellen Impuls, zum Austausch, zu Gesang und Gebet. Regelrecht beflügelt ging man anschließend wieder auseinander, um sich beim nächsten Mal vielleicht mit leicht veränderter Zusammensetzung erneut zu treffen. Die KGIs wirkten sich sehr positiv auf unser Kollegium aus und ließen eine ganz spezielle Wohlfühlatmosphäre und Zusammengehörigkeit entstehen. Denn es ist doch gerade in unserem Beruf wichtig, motiviert und begeistert zu bleiben – trotz der unzähligen Widrigkeiten, die sich uns aus den verschiedensten Richtungen immer wieder in den Weg zu stellen scheinen.

Pandemiebedingt mussten wir allerdings unser Konzept umstellen. Anstelle der gemeinsamen Treffen traten wohlformulierte Texte, Geschichten und Gebete, die den Kolleg*innen in bestimmten Abständen zugesandt wurden. Zudem entstand ein Corona-Mut-Mach-Kalender, der nicht nur innerhalb des Kollegiums Impulse lieferte und zum Nachdenken anregte. Uns erreichten zahlreiche Rückmeldungen, wie wichtig und wertvoll diese kleinen Impulse gerade auch zur Zeit der allgemeinen Schulschließungen waren. Je mehr die zwischenmenschlichen Kontakte eingeschränkt werden mussten, umso mehr entfalteten die kurzen KGIs ganz offensichtlich ihre Wirkung.

Wir haben mehrere dieser KGIs zu diesem Buch zusammengestellt. Gerne dürfen sie als Anregung zum kollegialen Austausch bei gemeinsamen Treffen dienen. Sie entfalten ihre wohltuende Wirkung aber bestimmt auch bei der häuslichen Lektüre.
Dafür – und für alles weitere wichtige Tun in unserem unvergleichlichen Beruf wünschen wir Ihnen alles Gute, viel Kraft und Gottes Segen!

Die Herausgeber

1. Wertschätzung

Aufgepasst!

„Ist es nicht krass?“ Das waren die Worte Josefs, meines langjährigen Freundes und Kollegen. „Ist es nicht krass? Da arbeiten wir alle quasi auf engstem Raum zusammen. Wir feilschen um das Wohl unserer Klassen, wir konzipieren und korrigieren. Wir arbeiten mit jungen Menschen und wollen sie bestmöglich aufs Leben vorbereiten. Wir tauschen uns aus über Erfolge und Schwierigkeiten, über Probleme und Schicksale der uns anvertrauten Schüler*innen. Aber trotz jahrelanger, engster Zusammenarbeit wissen wir oft kaum etwas über unsere Kolleg*innen. Wir freuen uns vielleicht gemeinsam, stehen auch manches zusammen durch – und wissen dennoch manchmal kaum übereinander Bescheid. Wir werden praktisch gemeinsam alt, leben aber allzu oft nur nebeneinander her. Von dem, was uns wirklich bewegt, was uns vielleicht auf der Seele brennt, erzählen wir doch kaum jemandem aus dem Kollegium. Manchmal sind wir alle schon ziemliche Einzelkämpfer*innen! Ist das nicht schade?“

In gewisser Weise ist diese Tatsache wohl ziemlich symptomatisch für den Lehrerberuf:
Vieles, oft sogar das Entscheidende, passiert im Verborgenen. Zuhause am Schreibtisch, im Kopf der Lehrkraft, die sich viele Gedanken macht, im Klassenzimmer, wo es Schüler*innen vielleicht manchmal mitbekommen, aber nicht richtig bewerten kön-

nen. Oft erfahren weder Kolleg*innen noch Freunde, manchmal nicht einmal unsere Partner, von unseren Anstrengungen, den Gedanken, Überlegungen, den Anstrengungen und Anfeindungen, die wir erleben. Unsereins hat schon einen fordernden Beruf, dem es außerdem an Wertschätzung mangelt …

- ✓ An Wertschätzung von der Gesellschaft,
- ✓ an Wertschätzung von Schüler*innen,
- ✓ an Wertschätzung von Seiten der Eltern – gerade die Schüler*innen verlangen doch nach unserer besonderen Aufmerksamkeit, deren Elternhäuser ihre Aufgabe nicht oder nur unzureichend erfüllen,
- ✓ an Wertschätzung von der Schulleitung, die manches Mal gar nichts weiß/wissen kann von unseren Anstrengungen. Das gilt übrigens auch umgekehrt: Wer wertschätzt die Arbeit der Schulleitung?

Klar – wir geben in unserem Beruf nicht unser Bestes, weil wir nach Anerkennung hecheln oder gelobt werden wollen. Vielmehr liegt uns das Wohl unserer Schüler*innen und unserer Kolleg*innen am Herzen. Nicht umsonst lieben wir ja auch Vieles an unserem Beruf.

Aber trotzdem täte es doch gut, wenn es da irgendjemanden gäbe, der unsere Arbeit und Anstrengungen im Verborgen sieht.

Und der unseren Fleiß und unser Herzblut, das wir zum Wohle anderer einsetzen, honoriert! Oder nicht?

Nachgedacht!

Wertschätzung – darum geht es in unserem heutigen Impuls.
Wir schätzen uns gegenseitig wert – mal mehr, mal weniger.
Oder?
Klar ist aber, dass wir an der Schule auch eine christliche Gemeinschaft sind. Es heißt im Schulgesetz §1 (2):

> ... Über die Vermittlung von Wissen, Fähigkeiten und Fertigkeiten hinaus ist die Schule insbesondere gehalten, die Schüler*innen in Verantwortung vor Gott, im Geiste christlicher Nächstenliebe, zur Menschlichkeit und Friedensliebe, in der Liebe zu Volk und Heimat, zur Achtung der Würde und der Überzeugung anderer, zu Leistungswillen und Eigenverantwortung sowie zu sozialer Bewährung zu erziehen und in der Entfaltung ihrer Persönlichkeit und Begabung zu fördern, ...
>
> *(Schulgesetz für Baden-Württemberg, 1983)*

Wir stehen am Anfang eines neuen Schuljahrs. Und wir richten die Gedanken auf das, was uns vielleicht erwartet, was wir leisten wollen, dürfen und müssen. Gerade haben wir gehört, dass das im Schulalltag auch im Aufsehen auf Gott und im Geiste christlicher Nächstenliebe geschehen soll.

Wer und wie ist dieser Gott? Seit Jahrtausenden machen sich Menschen Gedanken darüber. Gott wird beschrieben als allmächtig, allgegenwärtig, allwissend, unendlich und ewig. Aber was hat er mit uns und was haben wir mit ihm zu tun?
Für viele ist Gott ein fernes Wesen, das mit dem persönlichen Leben nicht viel bis gar nichts zu tun hat, höchstens noch eine Art Erste-Hilfe-Stelle, wenn es ihnen schlecht geht, so etwas wie eine kosmische Energiequelle, eine Metapher für das Unerklärliche oder für das Gute als Prinzip.
Die Heilige Schrift, die Bibel, beschreibt Gott deshalb fast nie an und für sich, sondern fast immer in seiner Beziehung zu uns Menschen. Es gibt eine Bibelstelle, die dies eindrücklich ausführt, Psalm 139. In diesem Gebet beschreibt David Gott.

Herr, du hast mich erforscht und du kennst mich.
[2]Ob ich sitze oder stehe, du weißt von mir. Von fern erkennst du meine Gedanken.

[3]Ob ich gehe oder ruhe, es ist dir bekannt; du bist vertraut mit all meinen Wegen.

[4]Noch liegt mir das Wort nicht auf der Zunge – du, Herr, kennst es bereits.

[5]Du umschließt mich von allen Seiten und legst deine Hand auf mich.

[14]Ich danke dir, dass du mich so wunderbar gestaltet hast. Ich weiß: Staunenswert sind deine Werke.

(Ps 139, 2–5.14)

Für manche hört sich dieses dreitausend Jahre alte Gebet von David nach völliger Überwachung an, gemeint ist aber etwas anderes. Es geht um Gottes gewaltige, unendliche Größe und um unsere tiefe Geborgenheit bei ihm. Der Gott, der das ganze riesige Universum geschaffen hat, dieser Gott ist uns näher als meine Kleidung, dieser Gott kümmert sich liebevoll um unser Leben. Das kann man zwar nicht beweisen, aber man kann es erleben und fühlen.
Gott bringt uns Wertschätzung entgegen. Er kennt uns durch und durch und dennoch liebt er uns uneingeschränkt. Für uns Menschen ist das gar keine Selbstverständlichkeit. Wir machen eher die Erfahrung, dass sich andere von uns abwenden, wenn sie uns durchschaut haben. Wie ganz anders ist Gott! Er kennt uns wirklich bis in unser Innerstes. Er sieht unser Positives und unser Negatives. Auch unsere Fehler, die wir vor anderen geheim halten wollen, liegen offen vor ihm. Aber er zieht sich nicht enttäuscht zurück. Er bleibt uns nahe. Das ist gewaltig! Vor diesem Gott können wir deshalb ganz offen und ehrlich sein. Auch wenn wir Fehler machen, wendet er sich nicht ab.

Was uns an diesem Psalm noch anspricht ist, dass nicht wir Gott halten müssen, sondern dass er uns hält. Gott ist der aktive Teil dieser Beziehung, nicht der Mensch. Natürlich braucht es den Glauben von unserer Seite, wir müssen Gottes Liebe annehmen; aber dass diese Verbindung hält, liegt an der unendlich viel stärkeren Hand Gottes.

Das Dritte, das uns anspricht, ist die Aussage, dass wir wunderbar gemacht sind. Wohl die meisten Menschen haben Mühe damit, sich selber so anzunehmen, wie sie sind. Manches macht uns Mühe an uns selber – sei es das Äußere oder unser Charakter.

David sagt: „Ich danke dir, dass du mich so wunderbar gestaltet hast.“ Können wir das wirklich aus tiefster Überzeugung mitbeten? Wenn wir ehrlich sind, müssen wir zugeben, dass es uns längst nicht immer gelingt. Aber dann ist uns beim Nachdenken etwas Wichtiges in den Sinn gekommen: die Unterscheidung von „wunderbar“ und „vollkommen“. David dankt Gott dafür, dass er „wunderbar“ gemacht ist, nicht dass er vollkommen gemacht ist. Wir Menschen streben oft nach Optimierung, ja nach Vollkommenheit. Aber wir sind nicht vollkommen, nicht perfekt, nicht fehlerlos, nicht schuldlos. Trotzdem sind wir alle wunderbar und einzigartig geschaffen: Jeder von uns ist ein Wunder Gottes – Gott freut sich darüber, wer und wie wir sind. Gott hat uns gemacht, uns gewollt, mit unseren ganzen Gaben und Schwächen, mit unseren Sonnen- und Schattenseiten. Er hält seine schützende Hand über uns, unter uns, um uns. Gott schätzt unser Tun wert!

Wir arbeiten zum Wohle der Schüler*innen. Gott sieht unser Tun, auch wenn andere es nicht sehen! Wir können uns das zum Vorbild nehmen und uns gegenseitig wertschätzen: in den verschiedenen Funktionen, jede/n in seiner Position: sei es als Hausmeister*in, Lehrer*in, Konrektor*in; Rektor*in, Sekretär*in oder Raumpfleger*in!

Tipp!

Wie wäre es, wenn wir morgen einem geschätzten Kollegen oder einer lieben Kollegin eine kleine Blume mitbrächten – vielleicht auch eine Tafel Schokolade oder eine nette Karte? Einfach so – als Zeichen der Wertschätzung!

Wir denken, es würde sich etwas ändern am Klima in unserem Kollegium – und mit Sicherheit ließe auch eine entsprechende Antwort nicht lange auf sich warten …

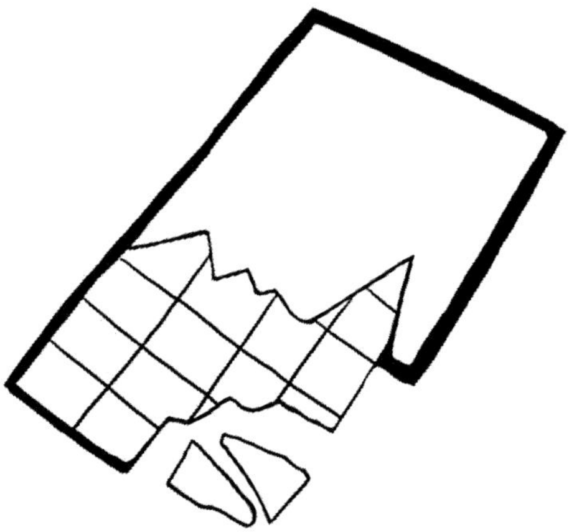

Abgehakt!

Gehen wir nun in diesen Tag und in das neue Schuljahr unter dem Segen Gottes:

Gott, du bist innen und außen und um mich herum.
Du hältst mich sicher in deiner Hand.
Die Kleinen sind dir nicht zu klein,
die Großen sind dir nicht zu groß.
Du hältst uns alle in der Hand,
und lässt uns niemals los.

So segne uns und behüte uns Gott, der Herr.
Er lasse uns all das erkennen, was Gott uns an Fähigkeiten
und Talenten geschenkt hat.
Gott gebe uns Augen und Ohren,
die Gaben der anderen als etwas Kostbares zu sehen.
Gott schenke uns das Vertrauen, dass jede und jeder
mit seinen Talenten einen Beitrag zum Gelingen der
Gemeinschaft beitragen möchte.

Guter Gott, segne uns alle. Gehe mit uns und beschütze uns.
Beschirme uns auf all unseren Wegen. Halte deine Hände über uns
und schenke uns deinen Frieden. Darum bitten wir dich durch Jesus
Christus, deinen Sohn.
Amen.

2. Prioritäten

Aufgepasst!

Eines Tages zur Weihnachtszeit trat ein alter Professor vor seine Studenten und blickte andächtig in die Runde. „Wir werden heute ein kleines Experiment machen!", verkündete er verheißungsvoll.

Der alte Professor stellte vorsichtig einen großen Glaskrug auf den Tisch und füllte ihn bedächtig nach und nach mit großen **Steinen**, *bis der Krug randvoll gefüllt war.*

Der Professor hob den Kopf. „Ist der Krug voll?", fragte er. Die Studenten zögerten nicht lange und antworteten mit einem lauten „Ja!"

Da blitzen die Augen des Professors auf und er fragte noch einmal nach: „Tatsächlich?"

Darauf bückte er sich, holte ein Gefäß mit **Kieselsteinen** *hervor und füllte bedächtig den Glaskrug – rührte um – füllte nach – bis die Kieselsteine alle Lücken füllten.*

Der alte Professor hob erneut den Kopf und frage: „Ist der Krug voll?"

Die Studenten waren verunsichert, doch einer traute sich und antwortete mit fragender Stimme: „Wahrscheinlich nicht!"

Dem Professor huschte ein leises Lächeln über die Lippen. „Gut", schmunzelte der Professor. Er neigte sich nach unten und hob einen Eimer mit **Sand** *auf den Tisch.*

Bedächtig goss er den Sand in den Glaskrug. Der Sand rutsche zwischen den Steinen hindurch und füllte die Räume zwischen den großen

Steinen und dem Kies. Noch einmal fragte der Professor: „Ist der Krug voll?"
Nun kam die Antwort aller Studenten ohne zu zögern: "Ja!", riefen sie dem Professor förmlich entgegen. Das Schmunzeln des Professors wurde breiter „Gut!", erwiderte er zufrieden.
Nun blickte der Professor verheißungsvoll in die Gesichter seiner Studenten. Diese konnten kaum erwarten, wie das Experiment nun weitergehen sollte.
Der Professor griff gemächlich unter seinen Tisch und beförderte eine Flasche **Bier** *ans Tageslicht. Nachdem er die Flasche mit einem lauten Plopp geöffnet hatte, schüttete er den Inhalt in das Gefäß. Das Bier verteilte sich schäumend in den verbliebenden Zwischenräumen zwischen dem Sand.*

Nun erhob sich der Professor und frage die Gruppe: „Was will uns dieses Experiment sagen?"

Ein Studenten erhob sich und sagte mit selbstsicherer Stimme: „Es zeigt uns, dass wir sogar dann, wenn wir meinen, dass wir keine Zeit mehr haben, noch weitere Termine vereinbaren und Dinge erledigen können, wenn wir es nur wollen!"
„Nein", sagte der alte Professor mit ernstem Blick.
„Was uns dieses Experiment zeigen soll, ist, dass wenn man nicht zuallererst die großen Steine in das Glas legt, sie später keinen Platz mehr finden!

Die Studenten verstummten und dachten über das Gesagte nach.
„Was sind die großen Steine in Ihrem Leben?", unterbrach der Professor die Stille. „Gesundheit? Familie? Freunde? Die Verwirklichung Ihrer Träume? Die Freiheit tun zu können, was Ihnen gefällt? Oder vielleicht etwas ganz anders?

„Nehmen Sie aus unserem kleinen Experiment mit, dass es wichtig ist, zuerst die großen Steine im Leben zu platzieren, sonst laufen wir Gefahr, erfolglos und unglücklich zu sein.
Wenn wir den Nebensächlichkeiten den Vorrang geben, also etwa dem Kies und dem Sand, dann füllen wir unser Leben damit auf, und am Ende fehlt uns die kostbare Zeit, um uns den Dingen zu widmen, die uns am wichtigsten sind. Vergessen Sie daher nicht die Frage: Was sind die großen Steine in Ihrem Leben?" Der vorlauteste unter den Studenten fragte mit neugieriger Stimme: „Aber was hat es mit dem Bier auf sich?" Der alte Professor freute sich, dass nun endlich diese Frage an ihn gerichtet wurde und antwortete mit einem breiten Grinsen im Gesicht: „Es soll uns zeigen, dass für ein Bier mit guten Freunden immer Zeit ist!"

*(Verfasser*in unbekannt, 2021b)*

Nachgedacht!

Was können wir aus dieser kleinen Geschichte lernen? Vielleicht fragen wir uns, was denn unsere großen Steine sind? Was sind die Themen in unserem Leben, die uns am wichtigsten sind? Anhand welcher Kriterien sortieren wir überhaupt nach wichtig und weniger wichtig? ... eine spannende Frage, oder nicht? Geben wir dann den Dingen, die wir nach reiflichem Überlegen als wichtig erkannt haben, wirklich den Vorrang oder passiert es uns immer wieder, dass wir unser Leben mit den Nichtigkeiten füllen und die wichtigen Dinge keinen Platz mehr finden? Vermutlich kann der Abwasch beim nächsten Mal doch noch ein paar Minuten

warten, wenn wir etwas Ruhe zur Entspannung brauchen.
Unter Umständen schadet es dem Rasen nicht, wenn er erst morgen gemäht wird, falls die liebsten Menschen in unserem Leben ein wenig Zeit mit uns genießen möchten. Eventuell muss die E-Mail doch nicht gleich beantwortet werden, wenn die Familie beim Abendessen auf mich wartet. Vielleicht ... Diese Liste ließe sich bestimmt noch lange fortsetzen. Wahrscheinlich bei jedem von uns. Es geht allerdings noch weiter:
Vermutlich täte es uns sogar gut, auf das ein oder auch das andere ganz zu verzichten – um dafür anderem (oder anderen) mehr Raum zu geben. Eine Entscheidung übrigens, die jeder für sich alleine treffen muss.
Eine Auswahl, die uns niemand abnehmen kann.
Aber dafür auch ein Gewinn, der in den allermeisten Fällen mehreren Beteiligten guttut – nicht zuletzt auch und gerade uns selbst!

Prioritäten setzen heißt auswählen, was liegenbleiben soll.

(Nahr)

Gerade uns als Lehrer*innen geht dies im Besonderen an: Haben wir doch den Vor- und den Nachteil, dass wir über einen großen Teil unserer Arbeitszeit frei verfügen können. Das ist Chance und Herausforderung zugleich. Eine Herausforderung, die es zu be-

wältigen, eine Chance, die es zu nutzen gilt. Machen wir das Beste daraus – wir und unsere Mitmenschen haben es verdient!
Dem Psychologen Sigmund Freud wird das sinngemäße Zitat zugeschrieben, dass jeder Mensch im Unterbewussten von seiner eigenen Unsterblichkeit überzeugt sei (Freud, 1915). Für das Unterbewusstsein mag dies gelten. Jedoch haben wir durchaus ein Verständnis dafür, dass unser Leben endlich ist. Mit jedem Tag verlieren wir 24 Stunden unseres Lebens. Auch diese Erkenntnis darf uns Ansporn sein, zwischen Wichtigem und weniger Wichtigem zu unterscheiden – und unsere Zeit entsprechend einzuteilen.

In eine ganz ähnliche Richtung weist auch ein weiterer Psalm …

„Herr lehre uns bedenken, dass wir sterben müssen …“
(Ps 90, 12)

Diese Aussage ist wohl nicht als Drohung gemeint, sondern als Bewusstmachung; quasi als Lebenshilfe, als Tipp. Nicht umsonst heißt die Fortsetzung dann auch *„… auf dass wir klug werden!“*

Vielleicht könnte man stattdessen auch formulieren: … auf dass WIR lernen,

… Sand nicht mit den großen Steinen zu verwechseln;
… in unserem Leben die richtigen Prioritäten zu setzen;
… Gott als Priorität anzuerkennen. Als Priorität, die uns guttut. Uns persönlich. Und auch unseren Schülern;
… Freude zu teilen und Sorgen abzugeben;

… auf unseren Lebensweg zufrieden zurück und gelassen nach vorne blicken zu können.

Oder:
… auf dass ICH lerne,
…

„Handlung drückt Prioritäten aus." So hat es Mahatma Gandhi formuliert. Merkt man unseren Handlungen unsere Prioritäten an?

Abgehakt!

Lieber Gott,
lass uns ***gelassener*** *sein*
und Ereignisse hinnehmen, die wir nicht ändern können.
Lass uns ***mutig*** *sein*
und Veränderungen vornehmen, die wir bewerkstelligen können.
Lass uns das Leben ***erfahren,***
einen Tag nach dem anderen leben und den Moment genießen.
Lass uns ***vertrauen,*** *dass alles gut wird,*
und lehre uns das Wichtige vom Unwichtigen zu unterscheiden,
so dass die großen Steine in unseren Lebensgläsern nicht fehlen.
Amen.

3. Gelassenheit

Aufgepasst!

Der alte Mann und das Pferd.

Es war einmal ein armer Mann, der in einem Dorf wohnte. Dieser Mann war sehr arm, aber er besaß ein Pferd, das so exquisit war, dass selbst Könige es ihm abkaufen wollten, zu jedem Preis. Doch der Mann lehnte immer wieder ab.

Doch plötzlich eines Morgens stellte er fest, dass das Pferd verschwunden war. Alle Menschen aus dem Dorf versammelten sich, um ihr Mitgefühl auszudrücken.

Sie sagten: „Oh, was für ein Unglück, was hättest du für ein Vermögen mit diesem Pferd verdienen können und man hat dir dafür so viel geboten! Aber du warst ja leider zu dickköpfig und zu dumm. Jetzt ist das Pferd weg."

Aber der alte Mann lachte nur und sagte: „Ach redet doch keinen Unsinn: Alles was man darüber sagen kann ist, dass das Pferd jetzt nicht mehr in seinem Stall ist. Lass also die Zukunft kommen, dann wird man sehen was ist."

Und dann nach wenigen Tagen kehrte das Pferd plötzlich zurück in seinen Stall. Und nicht nur das, es brachte eine ganze Herde wilder Pferde aus dem Wald mit. Und wieder versammelte sich das ganze Dorf und sie sagten: „Unglaublich, der alte Mann hatte Recht, sein Pferd ist tatsächlich zurückgekommen und es hat auch noch ein ganzes Dutzend tolle Pferde mitge-

bracht. Jetzt kann er so viel Geld verdienen, wie er will." Und sie gingen zu dem alten Mann und sagten: „Oh es tut uns leid, wir konnten das ja nicht voraussehen und die Wege Gottes verstehen, aber du bist unglaublich. Du hast es wohl irgendwie geahnt. Vielleicht kannst du sogar die Zukunft voraussehen."

„So ein Quatsch", sagte der alte Mann nur. „Ich weiß nur eins: Nämlich, dass das Pferd mit einer ganzen Herde Pferde zurückgekommen ist und was morgen geschehen wird, das weiß nur der liebe Gott."

Und schon ein paar Tage später geschah es, dass der einzige Sohn des Mannes, der die neuen Pferde zureiten wollte, dabei vom Pferd fiel. Er brach sich dabei seine Beine so schwer, dass er fortan wohl nicht mehr würde richtig laufen können. Die Menschen kamen wieder zu dem alten Mann und sagten: „Du hast recht gehabt. Man weiß nie. Die Sache mit den Pferden hat sich als ein Fluch erwiesen. Da wäre es besser gewesen, wären die Pferde überhaupt gar nicht erst gekommen. Nun wird ein Sohn für sein Leben lang verkrüppelt sein."

Aber der alte Mann sagte wieder nur: „Nicht so voreilig. Wartet ab! Man wird sehen was geschieht. Man kann nämlich nur eines darüber sagen nämlich, dass mein Sohn sich seine Beine gebrochen hat. Das ist alles."

Einige Wochen später ergab es sich, dass in dem Land ein Krieg ausbrach und alle jungen Männer des Dorfes von der Regierung zwangsweise eingezogen wurden. Nur der Sohn des alten Mannes durfte zu Hause bleiben, weil er für den Krieg untauglich war.

Und wieder versammelten sich alle Menschen des Dorfes und klagten: „Unsere Söhne sind fort und du hast wenigstens noch deinen Sohn. Er mag zwar seine Beine gebrochen haben, aber er ist bei dir. Unsere Söhne sind fort und der Feind ist vielleicht viel mächtiger. Wahrscheinlich werden sie alle sterben. Jetzt werden wir niemand haben, der sich im Alter um uns kümmert. Aber du hast ja noch deinen Sohn. Er wird bestimmt wieder gesund."

Doch der alte Mann sagte wieder nur: „Man kann darüber nur eins sagen: Eure Söhne wurden eingezogen. Mein Sohn ist hiergeblieben. Daraus folgt jedoch gar nichts."

*(Verfasser*in unbekannt, 2021a)*

Nachgedacht!

Die Geschichte macht deutlich, dass wir immer nur einen kleinen Ausschnitt des Lebens sehen können. Ob etwas ein Fluch oder ein Segen ist, das wissen wir erst später. Wenn wir dem Leben offen begegnen, nichts interpretieren und nichts bewerten, dann kann man zumindest versuchen, darauf zu vertrauen, dass alles gut ist so wie es ist.

Dazu braucht es erstens ein Grundvertrauen in das Leben, um diese Ungewissheit aushalten zu können. Wenn wir das erkannt haben, können wir eine innere Gelassenheit finden, die auch für das Zusammenleben innerhalb der Schulgemeinschaft wichtig ist.
Zweitens kann es besonders als Lehrkraft herausfordernd sein, neutral und ohne Wertung Situationen und Menschen wahrzunehmen, da man beruflich ständig in Bewertungssituationen involviert ist. Es gehört sozusagen zur täglichen Aufgabe, Situationen und Menschen zu bewerten.

Deshalb ist es sinnvoll, die eigenen Denk- und Verhaltensmuster zu reflektieren.

Folgende Fragen können mit Kolleg*innen diskutiert werden:

- ✓ *Welche Situationen begegnen uns in der Schule?*
- ✓ *Wie gehen wir damit um?*
- ✓ *Welche Auswirkungen hat unser Verhalten auf unsere Mitmenschen?*
- ✓ *Welche Rolle spielt unser persönlicher Glaube?*
- ✓ *Kann uns unser Glaube Vertrauen und Zuversicht geben?*

Tipp!

Folgendes Zitat könnte uns helfen, eigene Denkmuster zu reflektieren und mit Zuversicht und Vertrauen in die Zukunft zu blicken:

AKZEPTIERE WAS IST,
lass das gehen was war,
und vertraue in das, was kommt.

*(Verfasser*in unbekannt, 2021)*

Abgehakt!

Lieber Gott,
schenk mir Gelassenheit,
lass mich akzeptieren,
wenn etwas nicht funktioniert
und gib mir dann die Kraft,
Dinge neu anzupacken.
Wecke in mir Geduld und Zuversicht,
schütze mich vor Verbitterung
und lass mich darauf vertrauen,
dass alles gut ist so wie es ist.
Amen.

4. Bedeutsamkeit

Aufgepasst!

Es ist eigentlich immer das Gleiche …

Und das ist wohl auch gut so: In Ausnahmesituationen und Notlagen jeglicher Art finden die Menschen sich besonders gerne zusammen. Gegenseitig spendet man sich Trost und Wärme, trifft sich zu Gesprächen, zum Gedankenaustausch oder im schlimmsten Fall zu Gedenkveranstaltungen. Auch Kirchen und Gottesdienste sind in Krisenzeiten meist besser besucht als gewöhnlich. Wenn Grundfesten des Lebens erschüttert werden – aus welchen Gründen auch immer – suchen Menschen vermehrt nach göttlichem Beistand.

Mittlerweile haben wir alle Erfahrung mit einer ganz besonderen Ausnahmesituation. Die Corona-Pandemie hat nicht nur praktisch den ganzen Globus, sondern auch unser aller Leben umgekrempelt. Sie hat praktisch die komplette Welt mit ihren vielfältigen Gesellschaften vor beinahe unlösbare Probleme gestellt; Probleme, an deren Auswirkungen und Folgen wir vermutlich länger zu leiden haben, als wir uns das heute vorstellen. Ganze Branchen hat sie nahezu komplett ausradiert; vielleicht nicht für immer, aber doch für lange Zeit. Sie hat praktisch die Bevölkerung der ganzen Welt in eine Art Isolationshaft vor flimmernde Bildschirme getrieben, den direkten, sozialen Kontakt zu den Mitmenschen unterbrochen und vieles mehr.

Hier soll beileibe nicht die Sinnhaftigkeit einzelner Maßnahmen angezweifelt oder diskutiert werden. Es soll nur verdeutlicht werden,

wie unglaublich diese Pandemie das Leben auf unserem Globus verändert hat.
Auch an unserem Arbeitsplatz wurden nicht für möglich gehaltene Szenarien plötzlich Realitäten. Schulgebäude ohne Schüler*innen, Lehrer*innen, die den ganzen Tag vor Bildschirmen zubringen müssen und die ironischerweise ihre Klassen vor ebensolche Bildschirme verdonnern müssen. Ein sozialer Beruf ohne echte soziale Kontakte!
Sorgen und Einschränkungen schienen auf einmal auch unser privates Leben bestimmen zu wollen. Besonders unerträglich war uns der Zustand der Isolation. Gerade die Gemeinschaft mit anderen lieben Menschen, der Großfamilie, mit Freunden, im Verein oder eben auch im Gottesdienst blieb uns verwehrt – aus gutem Grund natürlich, aber das macht es nicht unbedingt leichter!
Erstaunlich klein und unbedeutend mag manche und mancher sich vorgekommen sein in diesen unruhigen Zeiten. Scheinbar vollkommen ausgeliefert einem Virus, seinen Folgen und den teils unbeholfenen und überstürzt erscheinenden Gegenmaßnahmen, deren Berechtigung zudem von vielen angezweifelt wurde.
Vielleicht passt der folgende Gedanke daher ganz besonders gut zu dieser Situation.

Nachgedacht!

Die kleine Schraube

Es gab einmal in einem riesigen Schiff eine ganz kleine Schraube, die mit vielen anderen ebenso kleinen Schrauben zwei große Stahlplatten miteinander verband. Diese kleine Schraube fing an, bei der Fahrt mitten im Indischen Ozean etwas lockerer zu werden, und drohte herauszufallen. Da sagten die nächsten Schrauben zu ihr: „Wenn du herausfällst, dann gehen wir auch." Und die Nägel unten am Schiffskörper sagten: „Uns wird es auch zu eng, wir lockern uns auch ein wenig." Als die großen eisernen Rippen das hörten, da riefen sie: „Um Gottes willen bleibt; denn wenn ihr nicht mehr haltet, dann ist es um uns geschehen!" Und das Gerücht von dem Vorhaben der kleinen Schraube verbreitete sich blitzschnell durch den ganzen riesigen Körper des Schiffes. Es ächzte und erbebte in allen Fugen. Da beschlossen sämtliche Rippen und Platten und Schrauben und auch die kleinsten Nägel, eine gemeinsame Botschaft an die kleine Schraube zu senden, sie möge doch bleiben, denn sonst würde das ganze Schiff bersten und keine von ihnen die Heimat erreichen. Das schmeichelte dem Stolz der kleinen Schraube, dass ihr solch eine ungeheure Bedeutung beigemessen wurde, und sie ließ sagen, sie wolle sitzen bleiben.

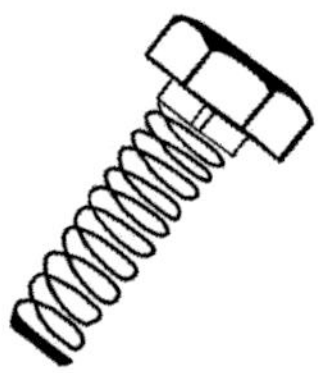

(Kipling)

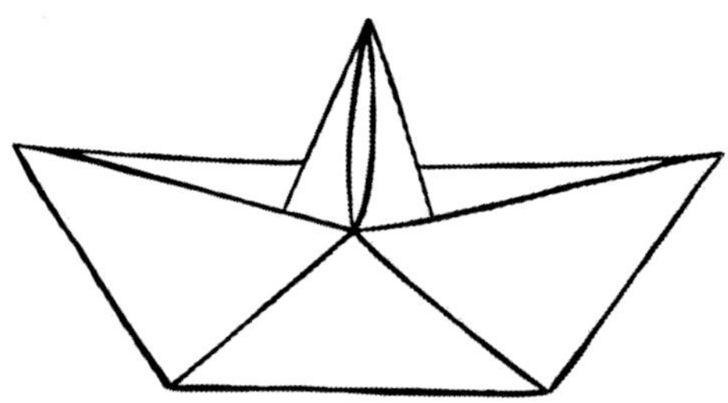

Wie oft kommen wir selbst uns klein und unbedeutend vor? So wenig könnten wir ausrichten, so schnell würden wir übersehen, so wenig wert seien wir für andere – diese Art von Gedanken kennen wir vermutlich alle. Insbesondere während des harten

Lockdowns drängten sich derartige Gedanken vielleicht vermehrt auf.
Beruflich entweder zur weitgehenden Untätigkeit verdammt oder extrem beansprucht, privat oft dennoch viel beschäftigt und in besonderer Weise angespannt und gestresst durch die allgemeine Situation, konnten wir bestimmt gut mitfühlen mit der kleinen Schraube, einer unter vielen anderen.
Erst als es so aussieht, als ob die kleine Schraube ihre Aufgabe nicht mehr erfüllen könnte, wird ihre Bedeutung für das ganze Schiff klar. Entsprechend groß ist das Erschrecken aller anderen Bauteile, welche die kleine Schraube dann auch umstimmen können.

Auf uns Lehrer lässt sich die Geschichte gut übertragen. Wenn wir unseren Job gewohnt gut erledigen, fallen wir nicht auf. Wenn wir aber ausfallen, wird unseren Kolleg*innen sehr plötzlich klar, was sie an uns haben. Auch die Bedeutung unseres Handelns Schülern gegenüber unterschätzen wir vermutlich oft. Immerhin haben wir alle einen Beruf, der jungen Menschen beim Start ins eigenständige Leben begleitet. Wir haben nachhaltigen Einfluss! Ein „Danke" hören wir von Schülern selten! Wir sind uns aber sehr sicher, dass sie unser positives Wirken sehr schätzen und uns dafür dankbar sind – auch wenn diese Erkenntnis vielleicht erst Jahre später reift. So wie bei jener ehemaligen Schülerin, die eine Lehrkraft neulich fragte, ob sie einen Brief an einen mittlerweile pensionierten Kollegen weiterleiten könne. Sie sei sich erst jetzt, einige Jahre nach ihrem Abschluss, bewusst geworden, was ihr dieser Lehrer Gutes und Wichtiges mitgegeben habe und sie wolle sich jetzt endlich bei ihm bedanken (Der Brief ist mittlerweile angekommen).

Natürlich lassen sich diese Gedanken auch auf andere Lebenssituationen und Menschen übertragen.

Wichtig und bedeutsam sind wir aber nicht nur in unserem Beruf als Lehrer*innen, sondern auch als Menschen. Wir sind wichtig für andere Menschen (manchmal vielleicht sogar, ohne dass wir es bemerken), und wir sind wichtig für Gott. Auch und gerade dann, wenn wir uns vielleicht klein und unbedeutend fühlen, wenig wertgeschätzt und beachtet!

Unsere Heilige Schrift ist voll von Geschichten, in denen sich Jesus Christus gerade den Ausgestoßenen und Verachteten zuwendet und ihnen deutlich macht, wie wichtig sie sind, jeder einzelne von ihnen!

Übrigens: Die kleine Schraube aus der Geschichte ist wichtig, weil sie eine nützliche Aufgabe für das ganze Schiff erfüllt. Wir Menschen dagegen sind wichtig, einfach nur, weil wir sind!

Jeder Mensch zählt, jeder Mensch ist wertvoll für Gott – unendlich wertvoll!

Abgehakt!

Lieber Gott,
wir leben in unruhigen Tagen:
einerseits ist der Alltag entschleunigt, andererseits sehr beunruhigend.
Alles ist irgendwie unwirklich.

Die Geschichte der kleinen Schraube zeigt uns:
Wir alle werden gebraucht,
sei es, um aus Solidarität und Zusammenhalt zu Hause zu bleiben.
Sei es, um für die Gemeinschaft weiter zu arbeiten.
Wir sind wertgeschätzt, von dir, Gott –
aufgrund unserer Existenz.
Aber wie tröstlich ist es, sich geliebt zu wissen,
mit und trotz all unserer kleinen und großen Fehler.
Dafür danken wir dir.

Großer Gott,
wir bitten dich für alle, die Angst haben, krank zu werden,
für alle, die um das Leben geliebter Menschen fürchten.
Gib uns und ihnen Hoffnung.
Guter Gott, hilf uns, dass wir gemeinsam bewältigen können,
was kommt, und dass wir Halt finden bei dir.
Amen.

5. Freiheit

Aufgepasst!

Zu einem alten Rabbi kam ein Mann und klagte: „Rabbi, mein Leben ist nicht mehr erträglich. Wir wohnen zu sechst in einem winzigen Raum. Was soll ich nur machen?" Der Rabbi antwortete: „Nimm deinen Ziegenbock mit ins Zimmer!" Der Mann glaubte nicht Recht gehört zu haben: „Den Ziegenbock mit ins Zimmer?" „Tu was ich dir gesagt habe", entgegnete der Rabbi, „und komm nach einer Woche wieder!" Nach einer Woche kam der Mann wieder, total am Ende. „Wir können es nicht mehr aushalten, der Bock stinkt fürchterlich!" Der Rabbi sagte zu ihm: „Geh nach Hause und stell den Bock wieder in den Stall. Dann komm nach einer Woche wieder!" Die Woche verging. Als der Mann zurückkam, strahlte er über das ganze Gesicht. „Das Leben ist herrlich, Rabbi. Wir genießen jede Minute. Kein Ziegenbock – nur wir sechs in einem Zimmer."

(Kühner, 2008)

Nachgedacht!

Auf den ersten Blick regt die Geschichte nicht nur zum Schmunzeln an, sie ist auch sehr einleuchtend. Die Vorstellung, eine Woche lang mit einem Ziegenbock in der Wohnung leben zu müssen, ist nahezu unvorstellbar.
Auf den zweiten Blick scheint die Geschichte etwas von „Vertrösten" zu haben – nach dem Motto „Schlimmer geht immer"... Aber wir können den Mann auch verstehen – sechs Personen auf so engem Raum und das nicht nur für kurze Zeit, sondern als Dauerzustand. Da können wir uns gut vorstellen, dass die Nerven blank liegen, dass die Kommunikation nicht immer rund läuft, dass die Privatsphäre fehlt ...

Auch wir waren lange in unserem Aktionsradius eingeschränkt. Diejenigen, die in Quarantäne waren, mussten sich sogar allein auf die „eigenen vier Wände" beschränken. Den anderen war immerhin noch das Einkaufen und der Spaziergang erlaubt.
Und trotzdem – auch wenn wir einsehen und verstehen, dass diese Beschränkungen nötig waren – unsere Wege waren begrenzt und vielleicht fühlten wir uns manchmal wie eingesperrt. Je nach Wohnsituation war das besser oder weniger gut auszuhalten. Unsere Schüler*innen kommen uns in den Sinn:

- ✓ *Wie ging es ihnen in der häuslichen Situation?*
- ✓ *Hatten Eltern und Kinder die Kraft, sich gegenseitig zu stützen und diese beunruhigende Lage miteinander durchzustehen?*
- ✓ *Wie ging es denjenigen, die vielleicht in beengten Verhältnissen leben?*

- ✓ *Wie ging es denjenigen, bei denen die Eltern immer noch unter der erschwerten wirtschaftlichen Lage leiden oder bei denen das Verhältnis zur Familie gestört ist?*
- ✓ *Oder diejenigen, die nur bei einem Elternteil leben und denen jetzt auch noch der Ausgleich mit den Gleichaltrigen in der Schule fehlt?*

Was würden sie alle zu dieser Geschichte sagen?

- ✓ *Ist die Corona-Pandemie, so wie die „Ziege" in der Geschichte? Gilt es, solche Zeiten einfach auszuhalten, durchzustehen und danach ist alles wieder herrlich?*
- ✓ *Was ändert sich danach?*

Auch wenn wir lange mit Einschränkungen zu kämpfen hatten (und vielleicht auch noch haben), können wir dankbar sein und das schätzen, was wir haben. Wir können die Entschleunigung bewusst wahrnehmen. Zufriedenheit und eine dankbare Haltung Gott gegenüber sind zentrale Elemente des christlichen Glaubens. Ich glaube, wir haben trotz allem gute Gründe, Gott dankbar zu sein für die materielle Versorgung, die wir haben, die gute medizinische Infrastruktur und die wertvollen Beziehungen, die wir in Gemeinschaft mit anderen Menschen leben, auch wenn wir sie gerade aus der Ferne führen müssen. Vielleicht können wir ja sogar unseren Blickwinkel ändern, wenn wir bewusst danken.

Auch wenn unsere äußere Freiheit gerade beschnitten ist, können wir uns an unsere innere Freiheit erinnern und versuchen, das Positive an den Einschränkungen zu sehen:

- ✓ *Zeit für mich.*
- ✓ *Zeit für ein Buch.*
- ✓ *Zeit für Kommunikation per Telefon oder Brief.*
- ✓ *Zeit für eine Postkarte an liebe Menschen.*
- ✓ *Zeit für Spaziergänge allein oder mit Familienangehörigen.*
- ✓ *Zeit für ein Spiel in der Familie.*
- ✓ *Zeit für ...*

Nicht zuletzt soll sich unser Blick in das Neue Testament richten: Der Galaterbrief ist das wichtigste Zeugnis für echte christliche Freiheit. Paulus sagt dort:

„Christus hat uns befreit, damit wir endgültig frei sind."
(Gal 5, 1)

Paulus spricht nicht von Freiheit in dem Sinne, dass wir alles dürfen oder dass uns alles möglich ist, denn vieles, was wir für uns selbst als Freiheit fordern, müssen andere teuer „bezahlen". Nein, Paulus spricht von der Befreiung zur Freiheit im Sinne von: Wir sind von unserer Schuld befreit. Wir Menschen können uns der Gnade Gottes ganz und gar anvertrauen. Wir gehen auf Ostern zu und auch wenn die schwere Karwoche noch bevorsteht, wissen wir doch, dass sich Jesus, Gottes Sohn, für uns hingegeben hat, damit wir die eigentliche Freiheit erlangen. Weil wir das wissen, kann es uns guttun, an das zu denken, was unser Leben reich macht.

Tipp!

Vielleicht hilft es uns, auch die positiven Seiten des Lebens wieder neu wertzuschätzen, wenn wir über den folgenden, kurzen Impuls nachdenken.

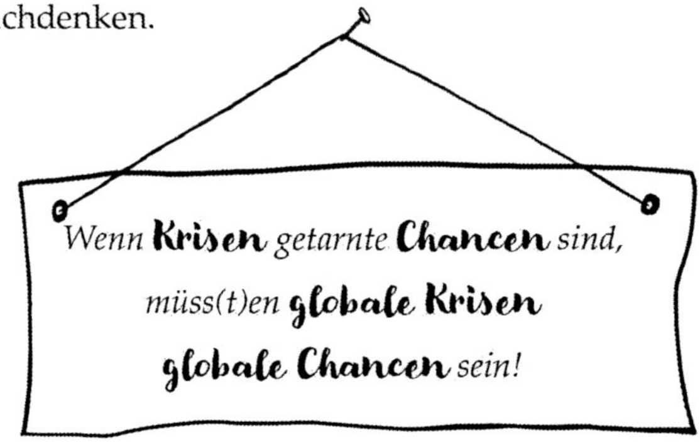

Abgehakt!

Lieber Gott,
wir sind nicht allein.
Du bist da.
Du verbindest uns miteinander.
Wir kommen zu dir mit allem, was uns bewegt.
Stärke die Kranken.
Tröste die Ängstlichen.
Sei nahe den Einsamen.
Schenke Hoffnung allen Menschen und der ganzen Erde.
Amen.

(Diözese Rottenburg-Stuttgart, 2021)

6. Krisenbewältigung

Aufgepasst!

Die Palme mit der schweren Last

Eine kleine Palme wuchs kräftig am Rande einer Oase. Eines Tages kam ein Mann vorbei. Er sah die kleine Palme und konnte es nicht ertragen, dass sie so prächtig wuchs.

Der Mann nahm einen schweren Stein und hob ihn in die Krone der Palme. Schadenfroh lachend suchte er wieder das Weite. Die kleine Palme versuchte, den Stein abzuschütteln. Aber es gelang ihr nicht. Sie war verzweifelt.

Da sie den Stein nicht aus ihrer Krone bekam, blieb ihr nichts anderes übrig als mit ihren Wurzeln immer tiefer in die Erde vorzudringen, um besseren Halt zu finden und nicht unter der Last zusammenzubrechen.

Schließlich kam sie mit ihren Wurzeln bis zum Grundwasser und trotz der Last in der Krone wuchs sie zur kräftigsten Palme der Oase heran.

Nach mehreren Jahren kam der Mann und wollte in seiner Schadenfreude sehen, wie wohl verkrüppelt die Palme gewachsen sei, sollte es sie überhaupt noch geben. Aber er fand keinen verkrüppelten Baum.

Plötzlich bog sich die größte und kräftigste Palme der Oase zu ihm herunter und sagte: „Danke für den Stein, den du mir damals in die Krone gelegt hast. Deine Last hat mich stark gemacht!"

(Afrikanisches Märchen)

Nachgedacht!

Sie war blond und hübsch …
Sie hatte eine positive Ausstrahlung und einen tollen Charakter. Und sie hat einen großen Teil meiner kleinen, heilen Welt zusammenbrechen lassen – damals vor vielen Jahren, als sie Schluss gemacht hat. Genauer betrachtet ist sie sogar mitverantwortlich dafür, dass ich für längere Zeit ins Ausland gegangen bin und auch, dass ich meinen ersten Beruf heute nur noch aus Spaß ausübe. Im Rückblick betrachtet bin ich heute ausgesprochen dankbar dafür, dass es so gekommen ist, auch wenn die Zeit damals nicht unbedingt leicht war.
Von unseren Schüler*innen unterscheiden uns viele verschiedene Dinge. Vielleicht ist unser Wissensvorsprung in einigen (oder allen) Fächern gar nicht das Entscheidende – sondern unsere größere Lebenserfahrung. Allesamt sind wir gestandene Persönlichkeiten, die eine eigene Meinung vertreten und ihren Schülern weit mehr mitgeben können als nur Fachwissen.
Gereift sind wir vermutlich alle nicht unbedingt durch die Zeiten, in denen alles rund lief und wir uns keine Sorgen zu machen brauchten. Gerade die schwierigen und schweren Zeiten, die Krisen und Anfechtungen, in denen wir vielleicht glaubten, den Boden unter den Füßen zu verlieren – gerade diese Zeiten haben uns innerlich wachsen lassen und uns zu den Persönlichkeiten gemacht die wir heute sind – wie die Palme in unserer Geschichte. Und diese Krisen gab und gibt es im Leben von uns allen, da sind wir uns ziemlich sicher – und sie sind oft weitaus schwerwiegender als das eingangs erwähnte Ende einer Jugendliebe, auch das ist uns durchaus klar.

Immer wieder finden wir uns in Krisensituationen wieder. Manchmal gemeinsam mit nahezu der gesamten Welt wie während der Corona-Pandemie. Manchmal aber auch in ganz persönlichen, individuellen Krisen.

Allen Krisen gemeinsam ist ihre scheinbare Ausweglosigkeit.

Guter Rat scheint nicht nur teuer, sondern unmöglich zu sein. Ein gutes Ende, ein Ausweg sind nicht in Sicht.

Der Stein, der unserer „Palme" in die Krone gelegt wurde, drückt schwer und wir sind manchmal fast sicher, dass wir zusammenbrechen werden unter seiner Last.

Und dennoch: Die Erfahrung könnte uns lehren, dass wir vermutlich auch an dieser Krise wachsen werden – wie persönlich an unseren individuellen Krisen. In globalen Krisen aber vielleicht – oder sollte man sagen: hoffentlich – auch unsere ganze Gesellschaft.

Weil in unserer Heiligen Schrift keine der menschlichen Grunderfahrungen ausgespart ist, hat sie natürlich auch Verschiedenes zum Krisenmanagement zu sagen. Von unzähligen schrecklichen Situationen wird berichtet von Naturkatastrophen, erschütternden Schicksalsschlägen und von der tiefsten Verzweiflung einzelner Menschen. Eines der bekanntesten Beispiele ist Jesus Christus selbst, der am Kreuz hängend verzweifelt ruft: *„Mein Gott, mein Gott, warum hast du mich verlassen?" (Mk 15, 34)* Eine tiefere Krise kann es kaum geben!

Das Evangelium wäre aber keine FROHE Botschaft, wenn es in der Krise steckenbleiben würde. Die Geschichte mit Jesus geht weiter und führt zu seiner Auferstehung, die uns Hoffnung gibt bis heute – und die Geschichten vieler anderer verzweifelter und krisengebeutelter Menschen in der Bibel gehen auch weiter. Gott ist das Schicksal seiner Geschöpfe nicht egal. Ganz im Gegenteil, sie sind unendlich wichtig für ihn. Das gilt auch für uns. Auch wir sind ihm nicht egal, auch wenn wir sein Wirken bei weitem nicht immer verstehen, wie vielleicht auch und gerade jetzt. Und dennoch will ich darauf vertrauen, dass ER das Schicksal der Welt in seinen Händen behält – und auch unser persönliches, wie es so schön formuliert ist im Römerbrief:

> *„Denn ich bin gewiss, dass weder Tod noch Leben, weder Engel noch Mächte noch Gewalten, weder Gegenwärtiges noch Zukünftiges, weder Hohes noch Tiefes noch eine andere Kreatur uns scheiden kann von der Liebe Gottes, die in Christus Jesus ist, unserem Herrn."*
>
> *(Röm 8, 38 f.)*

Tipp!

Zum Nachdenken:

Es gehört zum Wesen einer Krise, dass man ihr Ende nicht sieht! Das bedeutet aber nicht, dass es kein Ende gibt! Und auch nicht, dass es da noch den **Einen** *gibt, der weitersieht …*

Abgehakt!

Guter Gott,
Krisen überfallen uns immer wieder,
fies, gemein und hinterhältig.
Sie bedrohen unsere Existenz, unser Glück.
Manche Krise bedroht sogar die ganze Welt!
Hilf uns, so wie die Palme, tiefe Wurzeln zu schlagen.
Dass wir gestärkt werden und neue Möglichkeiten entdecken.
Dass wir in deinem Wort Halt finden und neue Wege gehen können.
Hilf uns, im Schweren auch das Hilfreiche zu suchen
und das Wertvolle zu sehen.
Sei du bei uns in der Sorge, wie im Schönen.
Sei du für uns Glaube, Liebe und Hoffnung, mitten in unserem Leben.
Lass uns Wurzen schlagen in dir.
Amen.

7. Ostern

Aufgepasst!

Ein leidgeplagter Mensch war mit seinem Los nicht zufrieden. Er fand seine Lebenslast zu schwer. Er ging zu Gott und beklagte sich darüber, dass sein Kreuz nicht zu bewältigen sei. Gott führte ihn in einen großen Raum, wo alle Kreuze der Menschen aufgestellt waren, und sagte: „Wähle!" Der Mensch machte sich auf die Suche. Da sah er ein ganz dünnes Kreuz, aber dafür war es länger und größer. Er sah ein ganz kleines, aber als er es aufheben wollte, war es schwer wie Blei. Dann sah er eines, das gefiel ihm, und er legte es auf seine Schultern. Doch da merkte er, dass das Kreuz gerade an der Stelle, wo es auf der Schulter auflag, eine scharfe Spitze hatte, die ihm wie ein Dorn ins Fleisch drang. Er versuchte ein Kreuz nach dem anderen. Keines wollte ihm passen, jedes Kreuz hatte etwas Unangenehmes. Dann entdeckte er eines, das hatte er übersehen, so versteckt stand es. Das war nicht zu schwer und nicht zu leicht, so richtig handlich, wie geschaffen für ihn. Dieses Kreuz wollte er in Zukunft tragen. Aber als er näher hinschaute, da merkte er, dass es sein Kreuz war, das er bisher getragen hatte.

(Hoffsümmer, 1993)

Nachgedacht!

Eine „krasse" Geschichte – so lautete der erste Kommentar einer Schülerin, als sie die Geschichte hörte. Und in der Tat gibt sie uns

ganz schön zu denken ... Jeder von uns trägt im Leben sein eigenes Kreuz. Allerdings scheinen die Sorgen der anderen viel leichter zu bewältigen zu sein. Vielleicht beneiden wir diejenigen, die auf den ersten Blick unbeschwert wirken. Wir sehen beim Anderen dessen Vorteil, aber nicht seine Last. Und andersherum vergessen wir unter unserer Last manchmal auch unsere Zufriedenheit, das, wofür wir trotz allem dankbar sein können. „Kreuze" tauchen in immer neuen Variationen in unserem Leben auf. Und bequem sind sie alle nicht – sie sind hinderlich und (er)drücken, sie machen mutlos und nehmen die Kraft zum Leben.
Die Redewendung vom Tragen des Kreuzes geht zurück auf Jesus. Er spricht mehrfach davon, z. B.

„Wer mir folgen will, muss sich und seine Wünsche aufgeben, muss Tag für Tag sein Kreuz auf sich nehmen und auf meinem Weg hinter mir hergehen." (Lk 9, 23)

Das eigene Kreuz auf sich nehmen müssen wir alle. Aber nun das auch noch? Wir sollen uns selbst und unsere Wünsche aufgeben? Geht Jesus da nicht absolut zu weit? Eine Religion, in der man sich selbst verneinen muss, sollte heutzutage doch definitiv vorbei sein! Vor allem, wenn wir andere Jesusworte dem entgegenstellen:

„Ich bin gekommen, dass sie das Leben in Fülle haben!"
(Joh 10, 10)

Wir denken, es geht um etwas anderes: Es geht darum, realistisch zu werden, falsche Ansprüche loszulassen. Es läuft nicht alles immer rund, es geht nicht immer alles glatt oder so, wie wir es uns vorstellen, das ist Teil unseres Lebens. Und es geht auch um eine Absage an die eigene Bequemlichkeit: Auch die schwierigen Wege – Niederlagen, Misserfolge, sogenannte Rückschläge – sind eine Zugabe, durch die wir wachsen und reifen. Der „Kreuzweg“ gehört also zu unserem Leben. Aber Jesus belässt es nicht bei der Aufforderung an uns, unser Kreuz zu tragen. Er geht mit dem eigenen Beispiel voran.

Auf dem Kreuzweg sind wir nicht allein – auch wenn es uns manchmal so erscheint. Jesus geht voraus und damit verbunden Gott selbst. Es ist ein Weg, der nicht in der Sackgasse endet. Denn nach Karfreitag kommt Ostern. Jesus ging den schweren Weg, damit wir zum Leben finden: zum Leben versöhnt mit Gott, mit den Mitmenschen und uns selbst.

Auch in Krisenzeiten kommt der Karfreitag und es wird Ostern! Auch in unsicherer, beklemmender und angstmachender Lage dürfen wir uns Gottes Nähe und seiner Hilfe bewusst sein.

Er hilft uns, unser Kreuz zu tragen, oder, um es mit Worten von Dietrich Bonhoeffer zu sagen:

> *Ich glaube, dass Gott uns in jeder Notlage so viel Widerstandskraft geben will, wie wir brauchen. Aber er gibt sie nicht im Voraus, damit wir uns nicht auf uns selbst, sondern allein auf ihn verlassen.*
>
> *(Bonhoeffer, 1998)*

Abgehakt!

Lieber Gott,
manchmal gleicht das Leben
einem langen und schweren Kreuzweg.
Jeder trägt sein Kreuz im Alltag mit sich.
Mitten in der Sorge dürfen wir im Gebet alles vor Gott bringen.
Mitten in der Angst schenkt Gott uns die Farben des Regenbogens
als Zeichen der Hoffnung.
Mitten in die Mutlosigkeit schenkt Gott Worte des Trostes.
Mitten in der Hoffnungslosigkeit ist Jesus auferstanden.
Der Weg endet also nicht am Kreuz,
sondern er führt ins Reich des Lebens.
Amen.

8. Angst

Aufgepasst!

Angst

Ein Student ist auf dem Weg in eine große Stadt. Vor dem Stadttor trifft er auf den Tod, der im Schatten der Stadtmauer sitzt. Der Student setzt sich daneben und fragt: „Was hast du vor?" Der Tod antwortet: „Ich gehe gleich in die Stadt und hole mir 100 Leute!" Der Student erschrickt, rennt in die Stadt und schreit: „Der Tod ist auf dem Weg in die Stadt! Er will sich 100 Leute holen!" Die Menschen rennen in ihre Häuser, verbarrikadieren sich .... Aber vor dem Tod gibt es kein Versteck. Nach vier Wochen verlässt der Student die Stadt und sieht im Schatten der Stadtmauer wieder den Tod sitzen. Er rennt auf ihn zu und brüllt ihn an: „Du Lügner! 100 Leute hast du holen wollen! Nun aber sind über 5.000 tot!" Der Tod erhebt sich ganz langsam und sagt: „Ich habe mir planmäßig die 100 geholt, wie jede Woche. Alte, Schwache, Kranke ... Die anderen hat die ANGST getötet! Und die hast DU in die Stadt getragen!"

*(Verfasser*in unbekannt)*

Nachgedacht![1]

Zunächst möchten wir deutlich machen, dass die aktuelle Situation ernst genommen werden muss und das neuartige Corona-

[1] Hinweis: Der folgende Text ist inmitten der Corona-Pandemie entstanden, kann aber auch auf andere Themen übertragen werden.

Virus in keiner Weise unterschätzt werden sollte. Trotzdem fragt man sich, ob vielleicht nicht die Angst die größere Ansteckungsgefahr in sich birgt –vor allem, wenn sie in Panik umschlägt. Oder wie lassen sich sonst die vielen „Hamster" erklären, die momentan in Deutschlands Supermärkten unterwegs sind und Unmengen an Toilettenpapier (!?) kaufen.
Wie geht es uns dabei, wenn wir leergeräumte Regale sehen? Fragen wir uns manchmal nicht auch: Ist die Situation so ernst? Muss ich Angst haben, dass bald lebensnotwendige Produkte ausgehen? Wie soll ich meine Familie ernähren, wenn ich vielleicht bald keinen Job mehr habe?

Gerade durch die „Hamster-Käufer" wird konkret sichtbar, wie rasant sich die Angst in ganz Deutschland verbreitet. Dabei hilft es, einen kühlen Kopf zu bewahren. Selbst wenn wir uns verbarrikadieren, wie die Menschen in der Geschichte, sind wir nicht vor der Angst sicher. Denn die Angst wird nicht nur im direkten Kontakt von Mensch zu Mensch weitergegeben, sondern kann sich auch angesichts der Informationsflut über die Medien, rasch in der digitalen Welt verbreiten. Und das geht uns alle an.
Denken Sie an unsere Schüler*innen:

Haben sie die Medienkompetenz, um Fake-News identifizieren zu können? Haben unsere Schüler*innen Eltern, die ihnen dabei helfen? Selbst uns Erwachsenen fällt es nicht immer leicht, Wahres von Unwahrem zu trennen und die Vielzahl der Informationen richtig einzuordnen. Wie sollen das Kinder und Jugendliche schaffen? Aber wie soll man denn nun mit der Situation umgehen? Wie kann man sich der Angst entziehen oder dafür sorgen, dass man nicht selbst von der Angst eingenommen und der Alltag von dieser bestimmt wird? Auch wenn die Situation im

Moment nicht leicht ist und in uns vielleicht Zweifel oder Angstgefühle auslöst, kann uns das Vertrauen helfen. Im Psalm heißt es:

> *„Er [Gott] beschirmt dich mit seinen Flügeln, unter seinen Schwingen findest du Zuflucht, Schild und Schutz ist dir seine Treue."*
>
> *(Ps 91, 4)*

Psalm 91 ist ein wunderbares Beispiel: Er macht deutlich, dass Gott über uns wacht und uns vor Bösem bewahrt. Durch diese Zusage können wir das Leben mit Zuversicht und Hoffnung angehen, statt von Ängsten gelähmt zu sein.

Vielleicht lassen Sie die Worte des Psalms in Ihren Gedanken ein bisschen Fuß fassen. Und, wer weiß, vielleicht können dann diese Worte festigend wirken und negative Gedanken aus dem Kopf verschwinden lassen. Natürlich müssen wir auch weiterhin im Umgang mit der Corona-Pandemie vorsichtig und rücksichtsvoll handeln. Nur durch positives Denken und Vertrauen wird sich die Krise nicht bewältigen lassen. Die berechtigte Vorsicht – mit der wir leben sollten – ist natürlich geboten.

Andererseits ist Angst ein schlechter Ratgeber. Es ist wissenschaftlich belegt, dass Angst zu einer Beeinträchtigung der Lebenstüchtigkeit führt und z. B. durch Muskelspannung, Ruhelosigkeit, Konzentrationsschwierigkeiten, Schlafstörungen konkret sichtbar wird (Zimbardo 2018, S. 558). Diese Symptome wirken sich negativ auf das Immunsystem aus.

Wir haben kein Recht, um zu definieren, wie man in diesen Zeiten leben sollte, aber ANGST ist, unserer Meinung nach, ein schlechter Ratgeber.

Tipp!

Zum Nach- und Weiterdenken:

„Denn ich bin gewiss, dass weder Tod noch Leben,
weder Engel noch Mächte noch Gewalten,
weder Gegenwärtiges noch Zukünftiges,
weder Hohes noch Tiefes noch irgendeine andere Kreatur
– AUCH KEINE ANDERE KRISE –
uns scheiden kann von der Liebe Gottes, die in Christus Jesus ist, unserem Herrn."

(nach Röm 8, 38 f.)

Abgehakt!

Lieber Gott,
ich danke dir, dass du mir Kraft gibst,
du mir Stärke verleihst,
du meinen Schild darstellst,
und du die Festung für meine Familie bildest.
Ich danke dir, dass du für uns da bist,
du liebend und unermüdlich über uns wachst
und wir mit allem, was uns bewegt zu dir kommen können.
Amen.

9. Same Gottes

Aufgepasst!

Ein junger Mann hatte einen Traum. Er betrat einen Laden. Hinter der Ladentheke sah er einen Engel stehen. Er fragte den Engel: „Was verkaufen Sie, mein Herr?" Der Engel gab freundlich zur Antwort: „Alles, was Sie wollen." Da fing der junge Mann sofort an zu bestellen. „Dann hätte ich gern: eine demokratische Regierung für alle Länder, das Ende aller Kriege und des Terrors in der Welt, bessere Bedingungen für die Randgruppen der Gesellschaft, Lösungen für die Flüchtlingsprobleme, Überwindung des Hungers, effektive Maßnahmen gegen den Klimawandel, und ..." Da fiel ihm der Engel ins Wort und sagte: „Entschuldigen Sie, junger Mann, Sie haben mich falsch verstanden. Wir verkaufen keine Früchte, wir verkaufen nur den Samen."

(Hoffsümmer, 1993)

Nachgedacht!

Eine Geschichte, die uns nachdenklich macht. Was würden wir bei dem Engel kaufen wollen? Welche Wünsche tragen wir in uns? Was beschäftigt uns am Tag und was bei Nacht? Was bringen wir vor Gott im Gebet?

Gott erfüllt uns Menschen nicht alle Wünsche, er gibt nicht alles fertig in unsere Hand, auch wenn wir oft mit genau solchen Bitten zu ihm kommen. Diese Geschichte zeigt uns, dass Gott durchaus in die Welt hineinwirkt, aber nicht unsere Probleme löst. Trotz der Menschwerdung Gottes sind Not, Kriege, Naturkatastrophen, Hunger, Krankheit, Angst ... geblieben.
Mit Gottes Sohn, Jesus Christus, ist der Samen für das Gute in die Welt gekommen, nicht die Frucht. Anders als in der Geschichte müssen wir diesen Samen nicht kaufen, sondern wir bekommen ihn geschenkt – aus Gottes purer Liebe zu uns.
Der göttliche Samen wächst aus innerer Lebenskraft und unaufhaltsam! Jesus vergleicht das mit dem Reich Gottes:

„Mit dem Reich Gottes ist es so, wie wenn ein Mensch Samen aufs Land wirft und schläft und aufsteht, Nacht und Tag; und der Same geht auf und wächst – er weiß nicht, wie. Denn von selbst bringt die Erde Frucht, zuerst den Halm, danach die Ähre, danach den vollen Weizen in der Ähre. Wenn sie aber die Frucht gebracht hat, so schickt er alsbald die Sichel hin; denn die Ernte ist da."

(Mk 4, 26–29)

Es ist also beides: Es braucht den guten Samen, aber es braucht genauso die Pflege und Schutz durch den Menschen.
Im Samen ist alles enthalten, was wir brauchen. Und wie gesagt: Wir müssen ihn nicht einmal kaufen – er wird uns geschenkt.

Unser Auftrag besteht darin, die guten Bedingungen für das Wachstum zu schaffen. Glaube, Hoffnung, Liebe, Sorge um die Menschen, vor allem die Benachteiligten – das sind unsere

Möglichkeiten. So kann der Samen zur Frucht werden. Der Samen kann sich auswirken auf unsere Gesellschaft, auf eine menschlichere Welt und auf eine Menschheit, die miteinander und nicht gegeneinander handelt. Wir säen aus und bearbeiten den Boden. Gott aber schenkt das Wachstum, wo und wann es seinem Willen entspricht!
Manchmal, gerade auch in unserem Beruf, können und dürfen wir auch erleben, wie schön es ist und wie viel Glück es uns selbst beschert, wenn wir den Samen aufgehen sehen. Wenn das, was wir sorgsam gepflegt und „gegossen" haben, Wurzeln treibt und wächst. Meistens erfahren wir das zeitverzögert im Nachhinein, und doch trägt es zu einem erfüllten Leben bei, dass der Dienst am Anderen auch uns selber bereichert und unser Tun sinnvoll macht.

Tipp!

Zum Nach- und Weiterdenken:

Die kleinen Wunder sind ganz in unserer Nähe,

das frische Grün im Frühling,
der schön gemusterte Kieselstein,
der kleine Käfer,
das bunt gefärbte Blatt,
das Lächeln eines Mitmenschen …

All das ist wunderbar, darin können wir Gott erkennen und Kraft und Trost erfahren.

Abgehakt!

Jesus Christus,
du bist Gottes Same in dieser Welt,
Geschenk des Himmels für diese Erde.
Alles Leben kann daraus erwachsen.
Wir aber leben entweder so, als ob wir auf uns selbst gestellt wären
oder wir erwarten von dir die Lösung aller Probleme.
Lass du das Zusammenspiel zwischen deiner Gnade
und unserm Tun gelingen.
Lass uns auf die Kraft des Samens vertrauen
und alles in unseren Möglichkeiten Liegende tun,
um dadurch Frucht zu bringen.
Amen.

(Caritasverband der Erzdiözese Freiburg, 2020)

10. Leben

Aufgepasst!

Nachgedacht!

Leben – fünf Buchstaben, die unglaublich viel beinhalten! Schönes kommt mir dabei in den Sinn, Fragen und Anfragen, auch Nachdenkliches und Betrübliches, Glück und Sorge ...
Das einfache Wort Leben birgt in sich eine Fülle von Assoziationen. Sinnsprüche, Sprichwörter und Begriffe sind mit diesem

Wort verbunden. Ein Parfum heißt z. B. „La vie est belle" – das Leben ist schön! In Frankreich wird der Schnaps mit „Eau de vie" – Wasser des Lebens" übersetzt. Manch eine/r sucht nach dem Sinn des Lebens, die „Work-life-balance", also die gute Mischung aus Leben und Arbeiten, ist in vieler Munde und vielleicht kennen Sie auch das Zitat von John Lennon: „Leben ist das, was passiert, während du eifrig dabei bist, andere Pläne zu machen."
Ein Blick in die Vergangenheit – weltweit, gesellschaftlich oder ganz persönlich – zeigt, genau das: Ständig müssen/mussten wir uns auf Neues einlassen. Seien es freudige Situationen oder auch Ereignisse, die die ganze Welt erschüttern. Wenn es so ist, dann dominiert dieses eine Thema die Medien.
Was passiert in diesen Zeiten mit dem Leben? Hat es Pause? Oder was passiert mit unserem Leben, wenn uns äußere Umstände einschränken?
Das muss nicht gleich eine globale Krise sein, auch im persönlichen Umfeld passieren Dinge, mit denen wir umgehen und auf sie reagieren müssen. Wir müssen uns und unser Leben immer den Gegebenheiten anpassen, bzw. mit ihnen umgehen.
Und in unserem Leben ist Veränderung quasi an der Tagesordnung. Unser Leben ist geprägt von der Familie, in der wir aufgewachsen sind, es ist auch historisch geprägt von der Geschichte (nicht nur) unseres Landes, und auch die Kultur und Religionen beeinflussen unser Leben. Die Gesellschaft, in der wir leben, gibt Regeln und Normen vor, die Werbung zeigt auf, was wir scheinbar unbedingt zum Leben brauchen. Unser Leben verändert sich durch die Menschen, denen wir begegnen. Unser Leben verändert sich durch Wissenschaft und Technik. Unser Leben verändert sich durch Einschnitte in unserem Leben, seien sie nun positiv, herausfordernd oder negativ. Und doch ist das Leben auch

auch unser persönliches einzelnes Leben. Es ist Gottes gutes Geschenk an uns. Er hat uns als seine Ebenbilder geschaffen und bejaht jede/n Einzelne/n von uns:

„Fürchte dich nicht, denn ich habe dich befreit. Ich habe dich bei deinem Namen gerufen, du gehörst zu mir."
(Jes 43, 1)

Diese Zusage lesen wir bei Jesaja. In dieser Zusage steckt auch unsere menschliche Entscheidungsfreiheit, unser Leben zu gestalten und zu leben. Leben ist eben mehr als Arbeit und Verpflichtung, mehr als das schwäbische „Schaffa, Schaffa, Häusle baua ..." Leben ist auch mehr als das Streben nach Geld und Gut oder Karriere. Zum Leben gehört das Miteinander in Familie und mit Freunden, das Geben und Nehmen, das damit verbunden ist und auch das Genießen, das Schauen auf die eigenen Wünsche und Bedürfnisse, unabhängig von der Meinung anderer.
Wenn wir Gottes Geschenk ernst und annehmen und auf seine Worte hören, können wir Lebensspuren hinterlassen, bei denen niemand zu kurz kommt, wir selber nicht und unsere Mitmenschen auch nicht.

„Denn bei dir ist die Quelle des Lebens. In deinem Licht sehen wir das Licht."
(Ps 36, 10)

Was unser Leben auch grundsätzlich beeinflussen kann ist, wenn wir auf Jesus Christus schauen.

Durch seinen Tod am Kreuz hat er unser Leben verändert. Durch seine Auferstehung hat er dem Tod die Macht genommen und uns das ewige Leben erworben. Der Weg zu Gott ist wieder frei! Rückwärts gelesen wird aus Leben „Nebel". Vielleicht kommt es uns manchmal so vor, als ob unser künftiges Leben im Nebel liegt, wenn die klare Sicht fehlt und wir nicht wissen, was das Morgen uns bringt. Wenn wir aber nicht nur das Wort, sondern das ganze Leben rückwärts betrachten, erkennen wir eine Fülle an Erlebnissen, Eindrücken und Erinnerungen. All das war und ist Gottes Geschenk an uns.

Im Rückblick kommen wir vielleicht auch zu einer größeren Wertschätzung dessen, was war und was ist. Das ist Grund zu großer Dankbarkeit und für Zuversicht auf das Kommende, denn Gott verspricht uns, dass er mit uns auf dem Weg ist. Unser Leben ist ein Geschenk, das jeden Tag Neues für uns bereithält. Nutzen wir es und erfreuen uns daran ...

Abgehakt!

Lieber Gott,
das Leben mischt die Karten jeden Tag aufs Neue.
Es verläuft nicht geradlinig.
Es ist die Ungewissheit, die es ausmacht.
Es wartet darauf, erlebt und erfahren zu werden.
Ich danke dir für mein Leben.
Amen.

11. Selbstfürsorge

Aufgepasst!

Während diese Zeilen geschrieben wurden, ist ein gutes Stück des Tages vorüber. Ich spüre eine gewisse Müdigkeit, aber auch ein „Getriebensein“, von dem, was noch kommt, was noch nicht erledigt ist, aber noch getan werden will oder muss ...
Meine heutigen Begegnungen gehen mir noch einmal durch den Kopf, die Eindrücke des Tages sind noch sehr präsent: die Orte, an denen ich war, leibhaftig und virtuell, die Mischung aus Fern- und Wechselunterricht, die Beschäftigung und Auseinandersetzung mit immer neuen Medien und digitalen, schulischen Möglichkeiten, Diskussionen mit Schüler*innen über zu erbringende Pensa, so manches „Häkchen“, das ich auf meiner To-do-Liste setzen konnte ... die Liste ließe sich noch eine Weile fortsetzen.
Ich fühle mich gehetzt ... immer noch eine Aufgabe kommt dazu, es scheint nie ein Ende zu geben, dazu die Aufgaben im familiären Bereich – steter Ansprechpartner für die Kinder und Ehemann, Haushalt, Einkäufe – und die privaten Sorgen ...
Ich spüre, wie mir die Puste ausgeht, wie die Energie schwindet und damit auch die innere Zuversicht. Und ich komme ins Überlegen: Es ist ja nicht die erste Krise, die ich zu meistern habe. Immer wieder gibt es Zeiten, in denen man zu kämpfen hat, in dem Arbeitspensum und Kraftreserven nicht mehr zusammenpassen.
Und mir kommt ein Text von Bernhard von Clairvaux in den Sinn:

„Sei Schale – nicht Kanal!"

„Wenn du vernünftig bist, erweise dich als Schale und nicht als Kanal, der fast gleichzeitig empfängt und weitergibt, während jene wartet, bis sie erfüllt ist. Auf diese Weise gibt sie das, was bei ihr überfließt, ohne eigenen Schaden weiter ... Lerne auch du, nur aus der Fülle auszugießen und habe nicht den Wunsch freigiebiger zu sein als Gott. Die Schale ahmt die Quelle nach. Erst wenn sie mit Wasser gesättigt ist, strömt sie zum Fluss, wird zur See. Die Schale schämt sich nicht, nicht überströmender zu sein als die Quelle ... Du tue das Gleiche! Zuerst anfüllen und dann ausgießen. Die gütige und kluge Liebe ist gewohnt, überzuströmen, nicht auszuströmen.

(Bernhard von Clairvaux, 1090-1153)

Nachgedacht!

Ein ansprechender Text. Man ist geneigt zu sagen: Ja, genau! So muss man es machen! Nur wenn man selber seine Kraft auffüllt, kann man die Kraft weitergeben, ohne dass man leer und ausgelaugt wird. Aber ist man so vernünftig, das Wesen der Schale anzunehmen? Oder ist man nicht viel öfter wie der Kanal, der ohne auf die Reserven zu achten, freigiebigst alles verströmt? Gerade wenn der Alltag um uns tobt, ist man in der Gefahr, wie der Kanal pflichtbewusst seine Aufgabe zu erfüllen – nämlich das Wasser weiterzuleiten. Im übertragenen Sinn: die anstehenden Aufgaben abzuarbeiten ohne Rücksicht auf den eigenen Kräftehaushalt. Die Kurzsichtigkeit dieser Haltung verdrängt man oder will sie in dem Moment gar nicht näher beleuchten.

Aber wie kommen wir zu dieser Selbstfürsorge, diesem gesunden Egoismus, der versteht, dass man anderen nur Gutes tun kann, wenn man auch zu sich selber gut ist?

Woher kommt eigentlich unsere Kraft? Was sind unsere Kraftquellen? Wo können wir auftanken, uns regenerieren? Und sind uns die Kraftquellen im Alltag überhaupt bewusst oder vernachlässigen wir sie?
Fragen gibt es zuhauf, und jede/r sollte für sich reflektieren, wie er/sie sie beantwortet. Unsere Möglichkeiten, wieder aufzutanken, sind vermutlich so vielfältig und verschieden, wie wir Menschen auch: Für manchen mag es (Aus)schlafen oder Wellness sein, für andere gute Gespräche und Spaziergänge, Lesen und Musik hören, für wieder andere Sport treiben, draußen aktiv sein, Singen, Spielen, Bibel lesen, Beten, Kochen, Lachen, Spielen, Zeit mit Freunden verbringen, Gartenarbeit ...
Ich denke jede/r findet Möglichkeiten, um ihre/seine Schale wieder aufzufüllen. Auch der Glaube ist eine solche Kraftquelle! Die Bibel ist voll von kraftspendenden Texten. Gott schenkt uns beispielsweise einen wöchentlichen Ruhetag. Er weiß darum, dass wir Regeneration dringend nötig haben, einen freien Tag ohne ständige Gedanken an Pflicht und Arbeit. Jesus kann auch hier ein Vorbild für uns sein. Immer wieder zieht er sich zurück – in der Stille und im Gebet findet er Ruhe und neue Kraft.
Auch er kann nicht grenzenlos für andere da sein. Von ihm können wir lernen, dass auch wir uns dieses „Recht“ rausnehmen und uns die Ruhe oder was uns guttut und uns innerlich und äußerlich stärkt, gönnen dürfen. Und es wächst auch Dankbarkeit in uns, denn man darf sich auf seine Zusage verlassen:

„Ich bin bei Euch alle Tage, bis an der Welt Ende!“
(Mt 28, 20)

Das heißt, er ist bei uns in Höhen und Tiefen, im Alltag und an Feier- und freien Tagen. Aus seiner Zusage können wir Kraft ziehen, sie kann uns aufbauen und stärken.
Und noch etwas wird mir wichtig: Ich bin für Gott wertvoll! Nicht nur, wenn ich tätig bin, sondern schon aufgrund meines Seins! Schauen wir auf uns, und auch auf unsere Mitmenschen, durch die liebenden Augen Gottes.

Abgehakt!

Lieber Gott,
segne den heutigen Tag, den du mir geschenkt hast.
Schenk mir Ruhe und Gelassenheit,
und lass mich erkennen, was ich heute wirklich brauche.
Ich möchte dich fühlen,
deinen liebevollen Blick empfangen,
spüren, was Leben mit dir heißt.
In dir ein Fundament haben,
fest verbunden mit deiner Kraft sein
und mich von dir führen lassen.
Danke für deine Liebe,
deine Zusage
und deine Kraft.
Amen.

12. Kathedralen

Aufgepasst!

Die Corona-Pandemie und ihre Folgen sind noch lange nicht überstanden, hier bei uns nicht, und auch nicht anderswo. Es ist auch noch nicht sicher, ob wir dieses Virus jemals in den Griff bekommen werden und wie es vielleicht auch unser zukünftiges Leben beeinträchtigen wird.

Das besonders Perfide an der Pandemie ist, dass uns die Gemeinschaft mit lieben Menschen verwehrt ist oder verwehrt war – abhängig von Inzidenzzahlen, freien Betten auf Intensivstationen und anderem.

Wir konnten nur sehr eingeschränkt und bedingt den Kontakt zueinander suchen, uns austauschen und uns beistehen. Wir sollten und mussten uns zurückziehen, uns isolieren und möglichst wenig Kontakt mit anderen haben. Was für eine fiese Begleiterscheinung dieser Krise – oder war und ist vielleicht dies ein guter Teil der eigentlichen Krise?

Das Zurückgeworfen-Sein auf uns selbst und die engste Familie birgt aber nicht nur Risiken, Frust und Ärgernis. Es bietet auch Chancen. Die Chance zur Begegnung mit sich selbst; mehr Zeit für den/die Partner*in oder die Kinder; die erzwungene Entschleunigung tut bestimmt so Manchem gut und auch für unsere Gesellschaft können gute Dinge aus dieser Krise erwachsen – wenn wir sie wachsen lassen. Vielleicht wird uns auch neu bewusst, wie zerbrechlich unser aller Leben und unser aller Glück ist – und wie wenig davon wir selbst in der Hand haben. Es ist uns geschenkt und wir sollen es bewusst und verantwortungsvoll genießen, ohne zu vergessen, von wem wir es geschenkt bekommen haben. Wenn – hoffentlich – so ganz langsam das öffentliche Leben wieder zurückkehrt, wenn wir irgendwann wieder Besuche machen und empfangen können, wenn wir wieder Sportveranstaltungen, Feiern und Kultur genießen können und wenn wir uns nicht geradezu krampfhaft voneinander fernhalten müssen – vielleicht nehmen wir das alles nicht mehr als ganz so selbstverständlich hin wie bisher. Es könnte sich sogar ein kleines bisschen Dankbarkeit dem Schöpfer gegenüber einschleichen, eine Dankbarkeit, die vielleicht auch nach dieser Krise Bestand hat; Dankbarkeit für unser Leben und unsere Familien, für die Freunde, den Wohlstand und unsere Freiheit. Und vielleicht verspüren wir dann auch das Bedürfnis, Gott dafür zu danken. Besonders gut lässt sich das – erfahrungsgemäß – beim Besuch einer Kirche oder Kathedrale tun, wenn diese wieder geöffnet sind. Machen wir doch – zur Abwechslung mal – einen Besuch bei Gott, in einem seiner Häuser. Ich bin mir ziemlich sicher, es wird sich lohnen, nicht nur in oder gegen Ende einer Krise, sondern überhaupt! Denn …

Nachgedacht!

Wir möchten nicht in einer Welt ohne Kathedralen leben. Wir brauchen ihre Schönheit und Erhabenheit. Wir brauchen sie gegen die Gewöhnlichkeit der Welt. Wir wollen zu leuchtenden Kirchenfenstern hinaufsehen und uns blenden lassen von den unirdischen Farben. Wir brauchen ihren Glanz. Wir brauchen ihn gegen die schmutzige Einheitsfarbe der Uniformen. Wir wollen uns einhüllen lassen von der herben Kühle der Kirchen. Wir brauchen ihr gebieterisches

Schweigen. Wir brauchen es gegen das geistlose Gebrüll des Kasernenhofs und das geistreiche Geschwätz der Mitläufer. Wir wollen den rauschenden Klang der Orgel hören, diese Überschwemmung von überirdischen Tönen. Wir brauchen ihn gegen die schrille Lächerlichkeit der Marschmusik. Wir lieben betende Menschen. Wir brauchen ihren Anblick. Wir brauchen ihn gegen das tückische Gift des Oberflächlichen und Gedankenlosen. Wir wollen die mächtigen Worte der Bibel lesen. Wir brauchen die unwirkliche Kraft ihrer Poesie. Wir brauchen sie gegen die Verwahrlosung der Sprache und die Diktatur der Parolen. Eine Welt ohne diese Dinge wäre eine Welt, in der wir nicht leben möchten.

(Mercier, 2004)

Abgehakt!

Lieber Gott,
ich bin dankbar für mein Leben,
und für die Freiheiten,
die nicht selbstverständlich sind.

Ich bin dankbar für deine Güte,
und für deine Liebe,
die mich im Leben begleitet.

Ich bin dankbar für meine Familie
und für meine Freunde
und genieße ihre Gesellschaft.
Amen.

13. Glück

Aufgepasst!

Ein Luftballon ins Glück

Ein Professor gab jedem Studenten einen Luftballon. Diesen hatten die Studenten aufzublasen, mit dem eigenen Namen zu versehen und in den Flur zu werfen. Dann wurden alle Ballons von einigen Professoren durcheinandergemischt. Anschließend erhielt jeder Student zwei Minuten Zeit, um seinen eigenen Ballon zu finden. Was trotz hektischer Suche keinem gelang. Danach gab der Professor seinen Studenten einen genialen Tipp: Sie sollen einfach den ersten Ballon nehmen, den sie finden, und diesen dem Mitstudenten geben, dessen Name darauf steht. Innerhalb von 5 Minuten hatte jeder seinen eigenen Ballon!

Der Professor sagte zu den Schülern: „Diese Ballons sind wie Glück – wir werden es nie finden, wenn jeder sein eigenes sucht. Aber wenn uns das Glück anderer Menschen wichtig ist, werden wir auch unseres finden."

*(Verfasser*in unbekannt)*

Nachgedacht!

Glück – für manche Menschen ist es die Erfüllung eines Lebenstraums, für andere ist der Lottogewinn großes Glück und wiederum andere erfreuen sich bereits dann, wenn an einem

Tag die Sonne scheint oder wenn sie mit bestimmten Menschen zusammen sind.

Wie kann man sein Glück finden?
Was macht uns glücklich?
Wie kann man dieses Glück beibehalten?

Auf diese Fragen versucht die kurze Erzählung eine Antwort zu finden. Ist es wirklich so einfach, wie der Professor sagt?
Wir denken nicht ...
Glück ist ein sehr individuelles Gefühl – sozusagen ein Verwandlungskünstler. Man weiß oftmals nicht, wie es aussieht beziehungsweise wie man es erfahren kann – und plötzlich zeigt es sich und ist dann da.
„Herr XY, Sie sind ein guter Lehrer." „Heute hat die Religionsstunde echt Spaß gemacht." „Kommen Sie heute mit uns in die Mensa?"
Mal versteckt sich das Glück in solch kleinen Aussagen, es ist dann die Wertschätzung für die eigene Arbeit, die man erfährt. Und mal ist es einfach die scheinende Sonne oder es sind die Gedanken an einen für uns bedeutungsvollen Menschen, die Glücksgefühle in uns hervorrufen.
Und an einem anderen Tag mag gefühlt so gar kein Glücksmoment aufkommen. Glück ist eben ein Verwandlungskünstler – und wir Menschen sind auf der Suche danach. Eine Musteranleitung, wie wir das Glück finden und was uns glücklich macht, gibt es nicht. Wenn wir uns darüber bewusst werden und reflektiert über Glück nachdenken, können wir der Lösung vielleicht einen Schritt näherkommen.
Wie kann man das Glück erkennen, wenn es sich ständig verwandelt?

Wenn Menschen Glück spüren, wird das meistens sichtbar – ein Strahlen im Gesicht, leuchtende Augen oder einen positiven „Vibe". Das weiß übrigens auch die Bibel: „Zeichen des glücklichen Herzens ist ein frohes Gesicht; Sorgen und Kummer sind quälendes Grübeln." (Sir 13, 26)
Auch die gemeinsame Suche nach Antworten mit Kolleg*innen können spannende und faszinierende Eindrücke schaffen, die uns persönlich weiterbringen, aber auch eine positive Wirkung innerhalb des Kollegiums entfalten können. Es ist gut, wenn man weiß, dass man selbst etwas dafür machen kann, um sich gut und glücklich zu finden.

Tipp!

Zum Nach- und Weiterdenken:

„Glück ist das einzige, das sich verdoppelt, wenn man es teilt."
(Schweitzer)

- ✓ *In der Schule bedeutet das …*
- ✓ *Innerhalb des Kollegiums bedeutet das …*
- ✓ *Für mich als Klassenlehrer*in bedeutet das …*
- ✓ *Für meine Schüler*innen bedeutet das …*
- ✓ *Für mich bedeutet Glück …*

Abgehakt!

Lieber Gott,
Umwege, Straßen und Kurven zieren das Leben.
Große Ziele entweichen leicht in die Ferne.
Wünsche gehen in Erfüllung – oder auch nicht.
Wir sind auf der Suche nach Glück und finden es manchmal nicht.
Dir zu begegnen ist entscheidend.
Du bist mein Glück,
mein Leben,
mein Ziel und
mein Weg.
Amen.

14. Wurzeln

Aufgepasst!

Was hält und trägt uns Menschen im Laufe unseres Lebens? Ist es die Verbundenheit zu unserer Heimat? Ist es die Beziehung zu unserer Familie? Sind es Rituale und Traditionen, die uns stärken oder ist es der Glaube?

Für mich selbst sind es die feste Verwurzelung in der Heimat und meine Familie, die mich bisher durch das Leben getragen haben. Daneben ist mein Glaube eine weitere wertvolle Säule in meinem Leben, die mir Kraft gibt und mich stützt.
Doch was ist, wenn sich diese Wurzeln nicht im Kindesalter entwickeln? Gerade in der Schule erkennt man, dass viele Kinder und Jugendliche das Privileg einer funktionierenden Familie nicht genießen können. Was passiert, wenn die Wurzeln im Kindesalter nicht gedeihen können? Können Wurzeln auch noch später wachsen oder passiert das vor allem im Kindesalter?
Im Zusammenhang mit der Familie und hinsichtlich der Zustimmung, die Kinder von ihren Eltern erfahren, gedeihen die Wurzeln am besten. Damit werden die Grundlagen gelegt, dass Heranwachsende sich später entfalten und ein eigenes Leben aufbauen können. Menschen, denen diese Grundlagen fehlen, haben die schlechteren Voraussetzungen, denn sichere und belastbare Bindungen vom Kindesalter an können vieles erleichtern. Dennoch können sich Wurzeln jederzeit im Leben bilden.

Die Wurzeln des Lebens können von Mensch zu Mensch sehr vielfältig ausgeprägt sein und doch bilden sie die Basis, auf der sich ein gelingendes Leben aufbauen lässt. Ohne Wurzeln ist es zweifellos schwerer, denn viele Menschen brauchen die Sicherheit, um sich frei entfalten zu können.

Nachgedacht!

Kinder, die ohne sichere und belastbare Beziehungen aufwachsen, z. B. ein schlechtes Verhältnis zu den Eltern haben, die unter der Trennung der Eltern leiden oder mehrmals den Wohnort wechseln mussten, können solche „Wurzeln" oftmals schwerer entwickeln. Dann kommt der Institution Schule eine größere Bedeutung zu. Wir Lehrer*innen haben eine große Verantwortung gegenüber den Schüler*innen und ihren Familien. Wir können dazu beitragen, dass sie sich angenommen und sicher fühlen, Vertrauen entwickeln und trotz der schlechten Ausgangssituation Wurzeln schlagen können.

Folgende Leitfragen können zur Reflexion herangezogen werden:

- ✓ *Wie können die Lehrkräfte die Schüler*innen unterstützen, um Wurzeln zu bilden?*
- ✓ *Was sind förderliche Verhaltensweisen im Umgang mit den Schüler*innen?*
- ✓ *Was sind ungünstige Verhaltensweisen im Umgang mit den Schüler*innen?*

Tipp!

Manchmal hilft die Selbstreflexion, um Empathie und Toleranz im Umgang mit Schüler*innen zu entwickeln. Folgende Leitfragen können zum Nach- und Weiterdenken hilfreich sein:

- ✓ *Was hält und trägt uns in den Höhen und Tiefen unseres Lebens?*
- ✓ *Können Wurzeln auch später im Leben noch wachsen?*
- ✓ *Welche Wurzeln geben uns selbst Sicherheit?*
- ✓ *Wann können wir am besten Wurzeln entwickeln?*

Abgehakt!

Lieber Gott,
du bist meine Kraft, wenn ich Hilfe brauche,
du bist mein Fels, wenn es unruhig wird,
du bist mein Licht, wenn die Finsternis hereinbricht,
du bist meine Quelle, wenn ich mich ausgelaugt fühle
und du bist mein Weg, wenn ich die Orientierung verloren habe.
Amen.

15. Leichtes Gepäck

Aufgepasst!

Leichtes Gepäck

Eines Tages fällt dir auf,
dass du 99% nicht brauchst.
Du nimmst all den Ballast
und schmeißt ihn weg,
denn es reist sich besser
mit leichtem Gepäck.

Du siehst dich um in deiner Wohnung,
siehst ein Kabinett aus Sinnlosigkeiten,
siehst das Ergebnis von Kaufen
und Kaufen von Dingen,
von denen man denkt,
man würde sie irgendwann brauchen.
Siehst die Klamotten, die du
nie getragen hast und die du
nie tragen wirst und trotzdem
bleiben sie bei dir.
Zu viele Spinnweben und so viel Kram,
zu viel Altlast in Tupperwaren.
Und eines Tages fällt dir auf,
dass du 99% davon nicht brauchst.

Du nimmst all den Ballast
und schmeißt ihn weg,
denn es reist sich besser
mit leichtem Gepäck
mit leichtem Gepäck.
Nicht nur dein kleiner
Hofstaat aus Plastik, auch
die Armee aus Schrott und Neurosen.
Auf deiner Seele wächst immer mehr,
hängt immer öfter blutsaugend an deiner Kehle.
Wie geil die Vorstellung wär',
das alles loszuwerden,
alles auf einen Haufen
mit Brennpaste und Zunder.
Und es lodert und brennt so schön,
ein Feuer –
in Kilometern noch zu sehn.

Und eines Tages fällt dir auf,
dass du 99% davon nicht brauchst.
Du nimmst all den Ballast
und schmeißt ihn weg,
denn es reist sich besser
mit leichtem Gepäck
mit leichtem Gepäck.
Ab heut – nur noch die wichtigen Dinge
Ab heut – nur noch die wichtigen Dinge
Ab heut – nur noch die wichtigen Dinge

Ab heut – nur noch leichtes Gepäck.
Und eines Tages fällt dir auf,
es ist wenig, was du wirklich brauchst.
Also nimmst du den Ballast
und schmeißt ihn weg,
denn es lebt sich besser,
so viel besser
mit leichtem Gepäck.
All der Dreck von gestern,
all die Narben,
all die Rechnungen, die viel zu lang offen rumlagen –
lass sie los, wirf sie einfach weg,
denn es reist sich besser
mit leichtem Gepäck.

(Kloß u. a., 2015)

Nachgedacht!

„Mein Schulranzen ist so schwer! Ich kann nicht mehr."
„Ist das eine Schlepperei. Den ganzen Tag trage ich meine schwere Lehrertasche durch das Schulgebäude."

Sätze, die man häufiger in der Schule von Kindern und Jugendlichen aber auch von Kolleg*innen hört. Ich hatte selbst bis zu diesem Schuljahr jeden Tag einen großen Rucksack in der Schule dabei, in dem ich gefühlt mein halbes Büro gelagert hatte: Laminierfolien, verschiedene Lernspiele, Knautschbälle, Kopiervorlagen aller Art, Klebestifte, eine Schere, Magnete, Folienstifte, einen Locher (?!) und Materialien für Vertretungsstunden, um nur einige Gegenstände zu nennen.

Wenn ich ehrlich bin, habe ich die meisten Gegenstände selten bis gar nicht benutzt. Trotzdem habe ich sie jeden einzelnen Tag im Schuljahr in der Schule herumgetragen. Sie nutzten mir recht wenig, aber belasteten mich dennoch. Der Mensch hat natürlicherweise die Veranlagung, Dinge zu sammeln, zu archivieren und zu speichern. Es fällt uns schwer, uns von bekannten Dingen zu trennen. *„Irgendwann könnte ich meine Laminierfolien ja noch brauchen."*, solche Gedanken hindern uns oftmals daran, unser Verhalten sachlich zu reflektieren.

Zum neuen Schuljahr habe ich mir nach reiflichem Überlegen einen neuen kleineren Rucksack gekauft – weniger Platz, weniger Ballast. Ich muss sagen, es fühlt sich gut an und vor allem funktioniert es. Ich fühle mich leichter, freier und entspannter.

Bildlich gesprochen, können die eingangs erwähnten Sätze eine ganz andere Bedeutung entfalten. Nicht immer ist es das rein Materielle, was uns im Schulalltag als Last erscheint und erdrückend wirkt. Gerade der Beruf als Lehrkraft macht es schwer, abzuschalten und Abstand vom Beruflichen zu gewinnen.

Öfters nimmt man Schüleranliegen, Hinweise von Kolleg*innen oder auch Inhalte von Elterngesprächen in den Gedanken mit nach Hause. Allzu oft denkt man dann außerhalb des Arbeitsalltags über Dinge nach, die man eigentlich heute hätte schon erledigen sollen. Abends sitzt man dann auf dem Sofa und der Gedanke an das emotionale Elterngespräch über die familiäre Situation von Schüler*in X will einfach nicht mehr aus dem Kopf gehen. Aber ist es nicht auch ein Zeichen von Empathie und

Menschlichkeit, wenn vielen Lehrkräften Probleme von Schüler*innen nahegehen? – eindeutig JA.
Deswegen kann man auch nicht pauschal sagen, dass man einfach am Ende des Arbeitstages „Gepäck" ablegen soll – was per se schon ziemlich unrealistisch wäre, weil wir Menschen nicht wie Maschinen funktionieren. Manchmal kann es daher hilfreich sein, wenn man sich regelmäßig Gedanken über sein eigenes „Gepäck" macht:

Braucht man das wirklich alles?
Kann man etwas abwerfen?
Was ist mir auf jeden Fall wichtig?

Der Austausch im Kollegium aber auch allein schon das Wissen, dass andere Lehrkräfte ähnliche Erfahrungen gemacht haben, kann dabei hilfreich sein, richtige Entscheidungen zu treffen – und teilweise mit „leichtem Gepäck" zu leben.

Tipp!

Was ist für Sie wichtig im Leben? Manchmal schleppen wir viele Gedanken und Probleme lange mit uns herum und machen uns das Leben unnötig schwer. Darüber nachzudenken kann dabei helfen, Prioritäten zu setzen und manchen Ballast abzuwerfen.

Lied: Silbermond – Leichtes Gepäck

Abgehakt!

Lieber Gott,
das Leben zieht vorüber,
aber du bleibst bei mir.
Lass mich Ballast loswerden.
Lass mich durch das Leben gehen mit leichtem Gepäck.
Hilf mir loszulassen, was ich nicht mehr brauche.
Amen.

Nachwort

„Auch wenn ich wüsste, dass morgen die Welt untergeht,
würde ich heute noch ein Apfelbäumchen pflanzen.“

Martin Luther

Liebe Leser*innen,

ob im Kindes-, Jugend- oder Erwachsenenalter – wir Menschen suchen in den verschiedenen Phasen unseres Lebens nach Halt. Die Heilige Schrift, die Bibel, kann uns dabei eine Unterstützung sein – ein Geländer, das uns Orientierung schenkt. In ihr finden wir bei dieser Suche Geborgenheit und Hoffnung, sie zeigt uns Lebenswege von Menschen auf, die wir uns als Beispiel nehmen können.

Im Alltag erleben wir das aber oft anders: Nicht selten begegnen wir Menschen, die vieles nur noch negativ sehen und diese Negativität auch ausstrahlen. Sie fragen sich:

- ✓ *Wieso lässt Gott das alles zu?*
- ✓ *Wieso ist das mir widerfahren?*
- ✓ *Wieso soll ich hoffen und glauben, wenn ich kein Licht hinter all den Problemen sehe?*

Unsere Antwort:
Wir brauchen nicht zu zweifeln, wir brauchen keine Angst zu haben, was morgen sein wird. Wir müssen nicht lange überlegen, denn unsere persönliche Stütze im Leben ist Jesus Christus, Gottes Sohn! Er begleitet uns jeden Tag und jede Nacht.

Wir wissen: Wie ein Vater, wie ein Bruder, wie ein Freund, steht er uns täglich zur Seite und berät, beschützt und behütet uns, seine Kinder! Wir müssen nicht wie umherirrende Schafe sein, die nach ihrem Hirten suchen, denn unser Herr Jesus Christus spricht: *„Ich bin der gute Hirte. Der gute Hirte gibt sein Leben hin für die Schafe“* (Joh 10, 11). So dürfen wir uns vertrauensvoll in seine Hände fallen lassen!

In den letzten Jahren kam die Menschheit ins Beben, ja sie wurde global in die Knie gezwungen. Die Corona-Pandemie hat vieles verändert, aber – und das ist gewiss – das Leben geht weiter, die Erde dreht sich in der gleichen Geschwindigkeit weiter. So machen wir uns das Zitat von Martin Luther zu Eigen: *„Auch wenn ich wüsste, dass morgen die Welt untergeht, würde ich heute noch ein Apfelbäumchen pflanzen.“* Leben wir weiter: hoffnungsvoll, zielstrebig und auf Gott und Christus vertrauend – auch wenn das nicht immer einfach ist!

Die Herausgeber

Verzeichnis

Quellen

Angst. (o.J.). Verfügbar unter: https://unser-quartier.de/stadt-bergheim/2020/03/passt-gut-zur-zeit/ [abgerufen am 05.08.2021].

Baden-Württemberg (1983). Schulgesetz für Baden-Württemberg. Verfügbar unter: https://www.landesrecht-bw.de/jportal/?quelle=jlink&query=SchulG+BW&psml=bsbawueprod.psml&max=true&aiz=true [abgerufen am 23.05.2022].

Caritasverband für die Erzdiözese Freiburg (2020). Verfügbar unter: https://www.google.com/url?sa=t&rct=j&q=&esrc=s&source=web&cd=&ved=2ahUKEwj9pIG2q8_zAhUQ-hQKHUWID_kQFnoECAsQAQ&url=https%3A%2F%2Fwww.dicvfreiburg.caritas.de%2Fcms%2Fcontents%2Fdicvfreiburg.caritas%2Fmedien%2Fdokumente%2Fengagement-spende%2Fcaritas-sammlung%2Fgottesdienst baustein1%2Fgottesdienst bausteine_caritassammlung_2020.pdf%3Fd%3Da% 26f%3Dpdf&usg=AOvVaw2aB6oaJF25MtF_3myR388C [abgerufen am 05.05.2021].

Der alte Mann und das Pferd (2021a). Verfügbar unter: https://www.waldorf-ideen-pool.de/Schule/faecher/religion/denkanstoesse/der-alte-mann-und-das-pferd [abgerufen am 10.10.2021].

Die Palme mit der schweren Last. Afrikanisches Märchen. (o.J.). Verfügbar unter: https://www.zeitblueten.com/ news/die-palme-mit-der-schweren-last/ [abgerufen am 18.09.2021].

Diözese Rottenburg-Stuttgart. (2021). Verfügbar unter: https://www.google.com/url?sa=t&rct=j&q=&esrc=s&source=web&cd=&ved=2ahUKEwiAuvuF387zAhXC_rsIHRFnA7cQFnoECAIQAQ&url=https%3A%2F% 2Fwww.drs.de%2Ffileadmin%2Fuser_upload%2FDossiers%2FCoronavirus%2F20200320_Gebet_hoffnungszeit.pdf&usg=AOvVaw0toqEweBQJJ-VXGX0KYyKj [abgerufen am 04.05.2021].

Eine kleine Geschichte über die wirklich wichtigen Dinge im Leben. (2021b). Verfügbar unter: https://www.day training.de/besser-leben/die-wirklich-wichtigen-dinge-im-leben/ [abgerufen am 11.05.2021].

Ein Luftballon ins Glück (o.J.). Verfügbar unter: https://volksbote.info/2020/12/25/ein-luftballon-ins-glueck /amp/ [abgerufen am 16.10.2021].

Gandhi, M. (o.J.). Verfügbar unter: https://sprueche-liste. com/mahatma-gandhi-zitate/ [abgerufen am 14.10.2021].

Kipling, R. (o.J.). Die kleine Schraube. Verfügbar unter: https://www.altenheimseelsorge.net/geschichten/die-kleine-schraube/ [abgerufen am 24.06.2021].

Kloß, S., Nowak, A., Stolle, T., Stolle, J. (2015). Leichtes Gepäck. Verfügbar unter: https://musikguru.de/silbermond/ songtext-leichtes-gepaeck-750258.html [abgerufen am 23.05.2022].

Nahr, H. (o.J.). Verfügbar unter: https://www.zitate.eu/autor/helmar-nahr-zitate/190811 [abgerufen am 16.10.2021].

o. V. (o.J.). Verfügbar unter: https://www.pinterest.de/pin/326581410466012176/ [abgerufen am 14.10.2021].

Literatur

Benk, A. (2008). Gott ist nicht gut und nicht gerecht. Zum Gottesbild der Gegenwart (2. Auflage). Patmos Verlag.

Bonhoeffer, D. (1998). Widerstand und Ergebung. DBW Band 8. Gütersloher Verlagshaus.

Dionysius A. (2010). Die Engel-Hierarchie. Der Ursprung der christlichen Engel-Lehre. Crotona Verlag.

Fiederlein, F. M. (1978). Herr ist Jesus Christus. Ein Arbeitsbuch zum Thema „Auferstehung Jesu“ für Grund- und Leistungskurse im Religionsunterricht der Sekundarstufe II. Süddeutsche Verlagsgesellschaft Ulm.

Freud (2019). Zeitgemäßes über Krieg und Tod. Inktank.

Hoffsümmer, W. (1993). Kurzgeschichten für Gottesdienst, Schule und Gruppe (14. Auflage). Matthias Grünewald-Verlag.

Kath. Bibelanstalt (Hrsg.) (1999). Die Bibel. Einheitsübersetzung der Heiligen Schrift. Altes und Neues Testament. Katholisches Bibelwerk.

Kühner, A. (2008). Überlebensgeschichten für jeden Tag. Neukirchener Aussaat (17. Auflage). Neukirchener Verlag.

Mercier, P. (2004). Nachtzug aus Lissabon. Carl Hanser Verlag.

Önder, J. (Hrsg.) (2020). Syrisch-Orthodoxe Religionslehre 5/6 (= Auf dem Weg zum Glauben 1) (2. Auflage). Bar-Hebräus-Verlag.

Önder, J. (Hrsg. und Übers.) (2022). Geistliche Orientierung für jeden Tag (= Auf dem Weg zum Beten 2) (27. Auflage). Bar-Hebräus-Verlag.

Önder, J. (2022). Wenn die Seele spricht … Gedichte eines Turabdiners (2. Auflage). Bar-Hebräus-Verlag.

Schwarzenbolz, D. (2021). Ist da jemand? Kurze, lebensnahe Geschichten zum Nach- und Weiterdenken für den Religionsunterricht 7-10. Auer Verlag.

Schwarzenbolz, D. (2022). Ich, die Welt und DER da oben! Freche Ansagen, frische Fragen, fromme Gebete. Neukirchener Verlag.

Zimbardo u. a. (2008). Zimbardo, Philip G./Gerrig, Richard J. (Hrsg.), Psychologie (18. Auflage). Pearson.

Autoren

Dr. Dr. Josef Önder M. A., Pädagoge, Theologe, Schriftsteller und Orientalist. Stv. Schulleiter der Dr.-Engel-Realschule in Eislingen/Fils.
Studienleiter und Dozent für den Studiengang Syrisch-Orthodoxe Theologie/Religionspädagogik am Ökumenischen Institut für Theologie/Religionspädagogik der Pädagogischen Hochschule Schwäbisch Gmünd (https://www.ph-gmuend.de/die-ph/lehrende/o/nder-josef). Fachberater für syrisch-orthodoxe Religionslehre auf Bundesebene.
Ferner: Vertreter des syrisch-orthodoxen Landeskoordinators und Schuldekans von Baden-Württemberg sowie der Syrisch-Orthodoxen Kirche von Antiochien in der Ökumene und bei der staatlichen Administration auf Bundes- und Landesebene (BW).

Kornelia Spieth, verheiratet, zwei Kinder. Abitur, Studium und Ausbildung zur Gemeindediakonin an der Karlshöhe Ludwigsburg.
1993 – 2014 Diakonin der Reuschkirchengemeinde Göppingen.
2012/2013 Bachelor of Arts/Fachrichtung Religionspädagogik an der Evangelischen

Hochschule Ludwigsburg. Seitdem Religionslehrerin an mehreren Schulen im Schuldekanat Göppingen.

Dirk Schwarzenbolz, verheiratet, zwei Kinder; Abitur, Wehrdienst, Ausbildung zum/Tätigkeit als Forstwirt und Baumkletterer.
Lehramtsstudium an der PH Weingarten (Evangelische Theologie/Religionspädagogik, Deutsch, Deutsch als Fremdsprache); Vorbereitungsdienst bei Karlsruhe; seit 2009 Lehrer an der Dr.-Engel-Realschule in Eislingen, seit 2010 SMV- und Vertrauenslehrer.
Internationale Erfahrungen u. a. in Rumänien, Indien, Australien.
Fachberater für evangelische Religionslehre am Zentrum für Schulqualität und Lehrerbildung (ZSL) in Schwäbisch Gmünd.
Autor und Herausgeber verschiedener fachspezifischer und belletristischer Werke (vgl. www.dirk-schwarzenbolz.de).

Marc-Simon Szenk, verheiratet, Abitur, Lehramtsstudium an der Pädagogischen Hochschule Schwäbisch Gmünd (Deutsch, Katholische Theologie/Religionspädagogik, Geschichte), Vorbereitungsdienst in Eislingen. Seit 2019 Lehrer an der Dr.-Engel-Realschule in Eislingen, Klassenlehrer und

Mitarbeit in der SMV. Mitarbeit in der Literatur-AG (Schreibende Schule) und (administrative) Tätigkeiten im Bereich des online-gestützten Lernens.
Seit 2022 Bereichslehrkraft für Kinder und Jugendliche beruflich Reisender für die Regionen Göppingen, Ostalbkreis und Heidenheim.

Die schreibende Schule

Literatur-Werkstatt der Dr.-Engel-Realschule Eislingen

Bücher lesen gehört zum Alltag einer jeden Schule – überall! Dass Schüler*innen aber selbst ganze Bücher verfassen, erfolgreich auf den Markt bringen und für ihr außerordentliches Engagement schon zahlreiche Preise erhalten haben, das gibt es nun wirklich nicht überall – aber hier bei uns, in Eislingen.

Auf den Weg gebracht haben die Buchprojekte die beiden Lehrer Dr. Dr. Josef Önder und Dirk Schwarzenbolz, SMV- und Vertrauenslehrer. Die zwei – in ihrer Freizeit als Autoren tätigen – Pädagogen hatten schon relativ zu Beginn ihrer Tätigkeit an der Dr.-Engel-Realschule die Idee, Schüler*innen zum (Mit-)Schreiben zu motivieren. Dabei motivierten sie aber nicht nur Schüler*innen, sondern auch Kolleg*innen. So ist der Lehrer Marc-Simon Szenk seit einiger Zeit ebenfalls ein Teil der schreibenden Schule.

Lehrer*innen wie Schüler*innen opferten einen beträchtlichen Teil ihrer Freizeit, da sämtliche Buchprojekte losgelöst vom Unterricht und ohne Notendruck entstanden. Zahlreiche Buchprojekte sind auf diese Weise bereits entstanden, allesamt ganz offiziell publiziert und dank ISBN-Nummer im regulären Buchhandel erhältlich. Der Erlös

aus den Buchverkäufen kommt übrigens sozialen Projekten zugute.

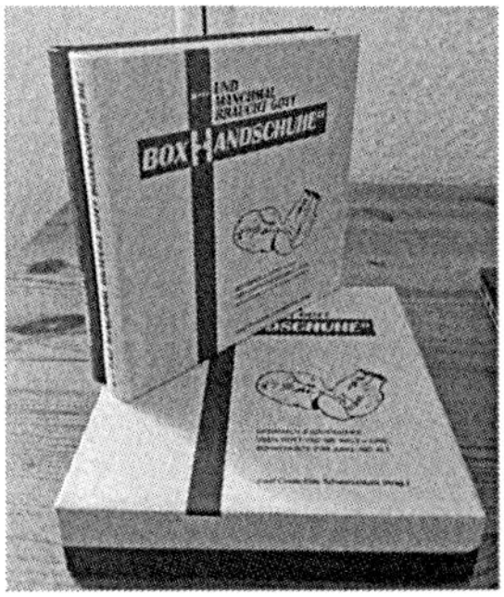

So werden an der Dr.-Engel-Realschule nicht nur Bücher gelesen, sondern auch selber geschrieben – die dann wiederum, zur Begeisterung vieler Schüler*innen, nach der Fertigstellung als Unterrichtslektüre behandelt werden. Ein schöner Kreislauf, der einmal mehr zeigt, dass Jugendliche heute, entgegen manchem Vorteil, durchaus leistungswillig und engagiert sein können, wenn sie richtig motiviert werden. Und es ist auch eine tolle Sache, weil so immer wieder aufs Neue Schüler*innen motiviert werden, sich an frischen Projekten zu beteiligen. Man darf gespannt sein auf neue, schriftstellerische Werke der Dr.-Engel-Realschule …

Dr.-Engel-
Realschule
#SchreibenMachtSchule

Kommentare

Ein gelungenes Werk!
Wahre Worte, die Hoffnung schenken, Mut machen
und zum Nachdenken anregen.

Philoxenus Mattias Nayis
Erzbischof der Syrisch-Orthodoxen Kirche von Antiochien in Deutschland

Ja, das tut gut, dass es dieses Buch gibt! Es breitet einen geistigen und geistlichen Schatz für alle aus, die das Evangelium an die junge Generation weitertragen. Lehrer*innen geben jeden Tag so viel und es ist darum wichtig, dass sie auch etwas bekommen. Die Autorin Kornelia Spieth hat ihr Rüstzeug auf der Karlshöhe Ludwigsburg erhalten, Dirk Schwarzenbolz an der PH Weingarten, Marc-Simon Szenk an der PH Schwäbisch Gmünd und Dr. Dr. Josef Önder trägt das Erbe der Syrisch-Orthodoxen Kirche von Antiochien ein. Das sind klangvolle Orte mit großer Tradition und vier Menschen mit unterschiedlicher Herkunft und Prägung. Ich bin überzeugt, dass es Ihnen gelingen wird, entsprechend viele Leser*innen anzusprechen und sie am Ende sagen werden: Ja, diese Lektüre hat gut getan!
Gottes Geleit und Segen für die Verbreitung dieses Buches!

Dr. h. c. Frank Otfried July
Landesbischof der Evangelischen Landeskirche in Württemberg